Dr. Jo. Heinrich Plath

Die vier großen chinesischen Enzyklopädien der k. bayerischen Staatsbibliothek

1. Der Wen - hien - thung - khao von Ma - tuan - lin

Dr. Jo. Heinrich Plath

Die vier großen chinesischen Enzyklopädien der k. bayerischen Staatsbibliothek
1. Der Wen - hien - thung - khao von Ma - tuan - lin

ISBN/EAN: 9783741171253

Hergestellt in Europa, USA, Kanada, Australien, Japan

Cover: Foto ©Andreas Hilbeck / pixelio.de

Manufactured and distributed by brebook publishing software
(www.brebook.com)

Dr. Jo. Heinrich Plath

Die vier großen chinesischen Enzyklopädien der k. bayerischen Staatsbibliothek

Die

4 grossen chinesischen Encyclopädien

der k. bayerischen Staatsbibliothek.

I. Der Wen-hien-thung-khao von Ma-tuan-lin.

Von

Dr. Jo. Heinrich Plath.

(Aus den Sitzungsberichten der k. b. Akademie der Wissenschaften, Philos.-philol. Classe 1871.)

München, 1872

In Commission bei G. Franz.

Herr Plath hielt einen Vortrag über

„Die 4 grossen chinesischen Encyclopädien
der k. Staatsbibliothek.‟

Unter den bändereichen Werken der reichen chinesischen Literatur haben ihre Encyclopädien schon längst
vorzugsweise das Interesse der europäischen Gelehrten erregt,
da sie über alle Fragen, die China und die Geschichte,
Alterthümer und inneren Verhältnisse dieses Landes und auch
zum Theil seiner Nachbarländer, welche uns interessiren, be-
treffen, Auskunft gewähren, und das Beste, was die verschiedenen europäischen Gelehrten geliefert, haben sie namentlich dem zuerst zu nennenden Werke entnommen. Die
Staatsbibliothek besitzt deren vier, über deren Inhalt wir
eine nähere Nachricht geben wollen, den Wen-hien-thung-khao
von Ma-tuan-lin in 348 Büchern, den Yü-hai aus dem
12. Jahrh., gedruckt 1351 in 21 Abthl. und 204 Büchern
oder Heften, den San-tsai-thu-hoei vom Jahre 1586 in 116 B.
und den Yuen-kien-lui-han vom J. 1710 in 43 Abtl. und 450 B.

I. Der Wen-hien-thung-khao von Ma-tuan-lin
ist die bekannteste. Visdelou, Deguignes, Klaproth, Abel
Rémusat, Julien, Bazin u. Biot haben daraus Auszüge gegeben
und den Stoff zu ihren schätzbaren Abhandlungen über
chinesische Verhältnisse geschöpft. Wir brauchen über Ma-
tuan-lin's Person und Werk nicht weitläufig zu sein, da Abel
Rémusat[1]) schon eine Notiz über ihn gegeben hat, deren
Inhalt wir nicht wiederholen wollen. Wir bemerken daher

---

1) Nouv. Mélang. Asiat. Paris 1829 T. 2 p. 166—173.

nur, dass er im 13. Jahrhunderte eine bedeutende Stelle am
Hofe der Kaiser der D. Sung bekleidete, nach dem Sturze
dieser Dynastie durch die Mongolen widmete er sich bloss
seinen literärischen Arbeiten und schrieb dieses grosse Werk.
Er folgte dabei Tu-yeu [2]), der unter der D. Thang im
8. Jahrhunderte ein ähnliches Werk, den Thung-tien in
200 Büchern, schrieb, das aber nur bis 755 geht. Ma-tuan-
lin erweiterte dessen Werk von 8 auf 19 Abschnitte und
fügte noch 5 weitere, über Bibliographie, das kaiserliche
Geschlecht, Besoldungen, Uranographie und Phänomene hinzu. Sein Werk, wovon die Staatsbibliothek einen schlechten
Abdruck auf grobem Papier in 10 dicke Bände hier gebunden,
besitzt, würde 20—25 unserer Quartbände füllen. Man hat
in China und jetzt auch in Paris ein Supplement in 254 Büchern
vom Jahre 1586 und eine weitere Fortsetzung desselben [3])

---

2) Tu-yeu hatte schon einen Vorgänger den Lieu-Y, Verfasser des Tsching-tien in 35 Büchern. Tu-yeu aber erweiterte den
Plan und theilte sein Werk in 8 Abschnitte: Politische Oekonomie,
literarische Grade, Beamtung, Bräuche (li), Musik, Kriegsdisciplin,
Geographie und National-Vertheidigung. Sein Werk, das bis in die
Mitte des 8. Jahrhunderts geht, wurde auch bis auf die neueste Zeit
fortgesetzt im Khin ting so thang tien in 144 Büchern 1767 und
weiter im Khin ling hoang tschhao thung tien in 100 Büchern
bis 1768. S. den Auszug des kaiserlichen Katalogs K. 8 f. 5. 8 sq.
und Wylie p. 55.

8) Den So wen hien thung khao von Wang-khi. Es setzt
Ma-tuan-lin's Werk, das mit der D. Sung schliesst, fort durch die
D. Leao, Kin, Yuen und Ming und es erschien auf kaiserlichen Befehl neu revidirt in 252 Bücher 1772. Ma-tuan-lin's Plan ist bei-
behalten, aber durch 4 neue Abschnitte: chronologische Bestimm-
ungen, die Wasserläufe, die Schrift-Charaktere und die Genealogie
vermehrt. Die 2te Fortsetzung hat den Titel Khin ting hoang
tschhao wen hien thung khao in 266 B. und noch einen neuen
Abschnitt über den Tempeldienst; s. d. Auszug des kaiserlichen Katalogs K. 8 f. 7 v. fg. und Wylie p. 55 fg. Sacharoff, (s. S. 68) benutzte
Ma-tuan-lin mit beiden Fortsetzungen auch Tu-yuen.

bis ins 18. Jahrhundert in 266 Büchern, die leider der Staatsbibliothek fehlen. Das Werk zerfällt in 24 Abschnitte und
348 Büchern. Abel Rémusat hat eine, aber nur allgemeine
Uebersicht der 24 Abschnitte gegeben. J. Klaproth[4]) in
seiner Notiz über dieses Werk gibt indess auch mehrmals
von ihm abweichend den Inhalt der Abschnitte an und übersetzt dann die Einleitung Ma-tuan-lin's K. 1 f. 4 v. — 34 v.
Diese gibt aber zwar eine interessante Andeutung der in
jedem Abschnitte besprochenen Verhältnisse mit dem Urtheile
Ma-tuan-lin's über die Gestaltung derselben; aber für die
Benutzung dieses, wie die ähnlicher Werke, reicht nach un-
serer Meinung diese, wie die allgemeine Inhaltsangabe des
einzelnen Abschnittes nicht aus, sondern man muss, wie
A. Rémusat bei der s. g. japanischen Encyclopädie gethan
hat, den Inhalt detaillirter und wenigstens den der einzelnen
Bücher speziell angeben, um schnell über einen besondern
Gegenstand sich daraus unterrichten zu können, zumal die
chinesischen Werke keine Indices haben, ihre sehr guten
Inhalts-Anzeigen des Werkes vorne oder vor den einzelnen
Büchern aber bei ihrer Kürze öfters erst noch einer Erklärung bedürfen. Wir geben daher zunächst von Ma-tuan-
lin's Werke eine solche spezielle Uebersicht des Inhalts mit
den nöthigsten kurzen Erklärungen und verweisen bei den
spätern auf die Stelle, wo dieselbe Materie in dem früheren
Werke behandelt ist, damit man gleich Alles, was sie be-
handeln, übersehen kann. Es genügte uns das aber noch
nicht, sondern wir haben auch den Quellen Ma-tuan-lin's und
wie er sie benutzt hat, nachgeforscht, wobei wir freilich bei
der Ausdehnung des Werkes uns auf die alte Geschichte
China's, die wir bisher vorzugsweise behandelt hatten, be-

---

4) A. Abel Rémusat. Mélang. Asiat. Paris 1826 T. 2 p. 407 fgg.
J. Klaproth's Notice de l'Encyclopédie littéraire de Ma-tuan-lin etc.
Nouv. Jour. Asiat. 1832. T. 10 p. 1 sq.

:chränken mussten'; wollten wir auch auf die spätere Zeit
eingehen, so würde unsere Abhandlung zu umfangreich ge-
worden sein. Wir denken später eine Analyse der 24
grossen Geschichtswerke zu geben und können dann
darauf zurückkommen. Man gewinnt so erst den richtigen
Masstab für die rechte Würdigung desselben und hütet
sich vor einer Ueberschätzung. Das Ganze ist nämlich eine
grosse Compilation aus den King, der grossen Geschichte
China's u. a. Werken, allerdings mit Hinzufügung der Scholien
dazu einer gewissen Critik und einer versuchten Ausgleichung der widersprechenden Nachrichten. Indess zeigt sich
so, dass er die excerpirten Werke oft nur sehr bruchstück-
artig und mit Auslassungen ausgeschrieben hat, so dass
man, wenn einem die Quellen, welche er ausgezogen hat,
wie die King, die grosse Geschichte von China u. A. zu
Gebote stehen, immer besser thut, auf diese selbst zurückzugehen*) und erst dann seine etwaigen Bemerkungen zu berücksichtigen, wie ich auch bei Ritters Compilation über
Asien es am zweckmässigsten gefunden habe, auf die unten
citirten und ausgeschriebenen Werke, wo sie mir zugänglich
waren, zurückzugehen und erst dann seine wenigen Bemerkungen zu berücksichtigen. Diess ist freilich bei Ma-tuan-lin
viel schwieriger, da die Chinesen überhaupt nie genau citiren,
und er namentlich manchmal seine Quelle, aus der er schöpft,
gar nicht angibt, oder nur die Ueberschrift des Capitels
z. B. des Li-ki oder Tscheu-li angibt, die man daher schon
kennen muss; genauer ist schon der Yü-hai. Ma-tuan-lin
hat alle Gegenstände nach den Materien und diese chronologisch geordnet; dabei aber manche Unterabtheilungen zu
selbstständig verfolgt, z. B. die Nachrichten über die einzelnen Beamtenstellen durch alle Dynastien hindurch. Dies
gewährt keine vollständige Einsicht in die Verhältnisse irgend

---

5) So urtheilte auch Neumann Asiat. Studien Bd. 1 S. 154 fg.

einer bestimmten Zeit. Diese sorgfältige Analyse nöthigt
daher, das günstige Urtheil über seinen Plan etwas zu mo-
dificiren. Bei der Massenhaftigkeit und dem Umfange der
chinesischen Literatur und dem compilatorischen Charakter
der vielen Schriften dieses schon früh alternden Volkes, das
schon lange seine literarischen Schätze so zu sagen eingefahren
hat, erleichtert eine solche Analyse und Zerlegung ihrer
bändereichen Werke, wenn sie einmal ganz durchgeführt ist,
auch das Studium derselben sehr, da man die wiederhollen
Ausschreiber fast ganz überschlagen darf, wenn man auf
die Quellen selbst zurückgeht. Anderseits könnte man, wenn
man den Plan eines solchen Werkes gänzlich inne hat, und
einem die Hauptquellen, aus welchen es geschöpft ist, wie
die grosse Geschichte von China, die Geographien u. s. w.
zu Gebote stehen, wenn einem z. B. das Supplement
zum Ma-tuan-lin abgeht, dieses leichter und besser als
Freinsheim die fehlenden Bücher des Livius ergänzen, da
diesem dessen Quellen nicht zugänglich waren, sondern er viele
spätere Notizen benutzen musste. Wir geben jetzt den Inhalt der einzelnen Bücher von Ma-tuan-lin und wollen
bei denen, welche von Europäern schon übersetzt oder benutzt sind, in der Anmerkung noch auf deren Schriften
verweisen. Man sieht so, wo man einige Proben der Behandlung der Gegenstände durch Ma-tuan-lin findet.

Bd. 1. Sect. 1. B. 1—7. Die Ueberschrift Tien - fu - kao
bedeutet eigentlich nur die Untersuchung über die Abgabe
von Feldern; der Abschnitt enthält aber auch die Vertheilung
des Landes in alter Zeit. Rémusat und Klaproth geben den
Inhalt verschieden an; jener über die Eintheilung und den
Ertrag des Landes, dieser und Biot über die Lage des
Grundbesitzes in China. Diess rührt daher, dass das alte
China kein Privateigenthum an Grund und Boden kannte,
sondern dieses erst zu Ende der 3. Dynastie sich entwickelte

und der Staat nun eine Abgabe davon erhebt, statt dass früher ein Theil des Landes für ihn bebaut wurde.

B. 1 geht von Kaiser Yao (2357 v. Chr.) bis zu Ende der West-Han (55 n. Chr.).

B. 2 von dem ersten Ost-Han Chi-tsu bis Thang Thai-tsung (779 n. Chr.).

B. 3 von Thang Hiuen-tsung (847) bis Heu Thang Lu-wang (936).

B. 4 von den Heu Tsin (936) bis Sung Schin-tsung (1086) n.

B. 5 von Tschi-tsung (1086) bis Ning-tsung (1195-1224).[6])

Um einen Begriff von seiner Arbeit zu geben, fügen wir noch eine detaillirte A n a l y s e des Anfanges des ersten Buches hinzu. f. 1 beginnt mit der Beschreibung der 9 Provinzen China's und ihrer Classifizirung nach der 9 fach verschiedenen Bodenbeschaffenheit und dem entsprechend den 9 verschiedenen Classen von Abgaben und dann der Eintheilung derselben in die verschiedenen Abtheilungen (fu). S. m. Abhandl. die Verf. und Verwalt China's unter den ersten 3 Dynastien S. 40. (beide sind aus Schu-king Cap. Yü-kung II. 1 (2205 v. Chr.), immer mit Erläuterungen aus den Scholien. F. 2 v. kommt er dann gleich auf die Landvertheilung Wen-wang's, als er noch am Berge Khi wohnte (1122 v. Chr.), führt dabei eine Stelle aus dem spätern Sse-ma-fa (S. Amiot Mém. T. 7) über die Landmasse und die Eintheilung der Ländereien, und wie viele Pferde, Ochsen und Kriegswagen auf ein Khieu und die anderen Abtheilungen kamen, an, und vergleicht damit eine Angabe Meng-tseu's III, 1, 3, 6, dass die Abgabe in alter Zeit immer nur ¹⁄₁₀ betrug. F. 4 gibt dann die Stelle aus dem Tschou-li (Sui-jin B. 15 f. 8) über die Vertheilung der Felder und deren verschiedenen Kanäle. F. 4 v. aus dem Supplemente dazu, dem Khao-kung-ki B. 43 f. 41 fg. Tsiang-jin, wie die Kanäle angelegt wurden, ihre verschiedene Breite und Tiefe mit vielen Erläuterungen dazu; dann f. 10 aus Tschou-li Ta-sse-tu (B. 9 f. 27) wie

_____

6) Diese Section legte Biot seiner Abhandlung Mém. s. la condition de la propriété territorial en Chine, depuis les temps anciens par E. Biot in N. Journ. As. Ser. III T 6 p. 255 — 336 zu Grunde. s. auch Sacharoff: Ueber das Grundeigenthum in China, in den Arbeiten der k. russischen Gesandtschaft in Pe-king über China. Berlin 1858. B. 1 S. 1—40.

viel Land Jeder erhielt, nach der verschiedenen Bodenbeschaffenheit desselben und darauf eine ähnliche Stelle aus dem Abschnitte vom Sui-jin
(B. 15 f. 69) und f. 10 v. aus dem vom Siao-se-tu (B. 10 f. 8), wie viele
Menschen nach der verschiedenen Bodenbeschaffenheit auf ein be-
stimmtes Stück Land gerechnet worden, und aus Li-ki Cap. Wang-
tschi 5 f. 2, vergl. Meng-tseu II, 4, 10 (2), wie viele Menschen 100 Men
nach den 8 verschiedenen Bonitäten des Ackers ernähren mussten.
F. 11 gibt dann noch eine Stelle aus Pan-ku's Geschichte der West-
Han im B. 24 fg. Schi-ho-tschi über die Ackervertheilung unter den
(alten) heiligen Königen, F. 12 aus Tschen-li Tsai-me (B. 12 f. 23 fg.,
84) über die Auflagen, die dieser Beamte von den verschiedenen
Feldern u. s. w. erhob. F. 18 v. führt dann aus dem Abschnitte
Lui-sse (B. 12 f. 83) an, dass, wer im Volke kein Vieh ziehe, auch
keinen Ochsen opfern dürfe u. s. w.

Man sieht, wie Verschiedenartiges hier zusammen excerpirt ist.
Dieses Alles geht auf die Zeit, wo es noch kein Privat-Grundeigen-
thum in China gab. F. 15 bis 18 v. gibt er dann die kurzen Stellen
aus den Chroniken Tschhün-thsieu, Tso-schi's, dem Lün-iü (12, 9) und
Meng-tseu III, 2, 8 (I, 6 p. 76), wie später eine höhere Abgabe von
den Feldern erhoben wurde, worauf allmählig das Privateigenthum
sich ausbildete. S. unsere Abh.: Gesetz und Recht im alten China,
in d. Abh. d. Ak. X. 8 S. 690—97. F. 22 kommt er dann auf die
Besteuerung unter der 4. D. Thsin, F. 22 v. auf die unter der 5. D. Han;
doch brechen wir hier die weitere Analyse ab.

B. 6. Schui-li-tian handelt von den unter Wasser ge-
setzten Feldern. Der erste Fall ist aus der Zeit von Wei
Siang-wang (334 bis 318 v. Chr.), wo der Tschangfluss ab-
geleitet wurde; die folgenden sind aus dem Reiche Thsin
und dann f. 3 aus der Zeit der Han und der späteren Dynastien.

B. 7. Tün-tien handelt von den Feldern, welche die Sol-
daten anbauten,[7] etwa wie die österreichischen Grenzer. Diess
begann unter Han Tschao-ti, Per. Schi-yuan a. 2 (85 v. Chr.);

---

7) E. Biot Mém. s. les Colonies militaires et agricoles des Chinois
Journ. As. 1850. S. IV. T. 15 p. 388 nach Ma-tuan-lin und dem Yü-
hai B. 177.

f. 24 v. Kuan-tien, Tsi-tien, von den Beamtenfeldern und dem Saatfeld, das der Kaiser bearbeitete, beginnt mit dem Unterschiede zwischen dem Staatsfelde (kung-tien), welches das Volk für den Staat bearbeiten musste und dem, welches es für sich bearbeitete nach Meng-tseu III, 1, 3, 9 (I, 6, 4); dann folgen die Stellen über die Ackerceremonie aus Li-ki C. Yue-ling 6 f. 24 und Tscheu-li B. 4 f. 41 und wie der Kaiser Siuen-wang diese Ceremonie vernachlässigte; vgl. Kue-iü 1, 25 und Sse-ki B. 4 f. 20; s. m. Abhandlung über den Cultus S. 85. F. 27 erwähnt, wie Han Kao-tsu im 2. Jahre dem Volke die Parks und Lustteiche überliess und die Ackerceremonie wieder einführte u. s. w.

S. 2. B. 8—9. Tsien-pi-kao. Untersuchungen über das Metall-, Papier- u. a. Geld. B. 8 von Thai-bao (Fo-hi) bis Thang Tschao-tsung (904).

B. 9 von dem Heu-thang Tschuang-tsung bis Sung Ning-tsung.

Ma-tuan-lin hält sich nicht bloss an die King, sondern lässt B. 8 schon Fo-hi und die folgenden Kaiser Münzen haben, was die europäische Kritik mit Recht verworfen hat, s. m. Abh.: China vor 4000 Jahren. München 1869 (a. d. Sitz.-Ber. d. Ak. II, 1) S. 89. Er gibt die Namen, die sie angeblich schon unter den ersten Kaisern führten, an, erwähnt dann, wie Kaiser Schin-nung Märkte eröffnete (nach dem Anhange zum Y-king Hi-tse 3, 4 B. 11, 690), gibt darauf eine Stelle aus Kuan-tseu. F. 2 v. folgt die Stelle aus Tscheu-li Wai-fu B. 6 f. 19 über die Ausgaben und Einnahmen am Kaiserhofe; F. 3 aus dem Abschnitte vom Tsiuen-fu B. 14 f. 26—31, wie der das Marktgeld einnimmt und verwendet, F. 4, wie der Kaiser King-wang a. 21 (524 v. Chr.) eine leichtere Münze einführen will und die Vorstellung dagegen im Kue-iü (vgl. de Mailla T. 2 p. 109); F. 5, wie Tschuang-wang von Tshu (613 bis 690) die Münze verändert und kommt dann auf die ausführlichen Nachrichten über das chinesische Münzwesen unter den Dynastien Thsin, Han und den darauf folgenden.[9]

_____

9) Darnach E. Biot: Sur le système monétaire des Chinois im Journ. Asiat. 1857 Ser. III T. 3 und 4.

Das Papiergeld,[9]) erst fliegende Contrakte (Fei-kiuan), später Tschao-yn genannt, datirt erst seit den Dynastien Thang und Sung und dessen Geschichte wird von Ma-tuan-lin nicht besonders behandelt.

S. 3. B. 10 und 11. Hu-keu-kao, wörtlich die Untersuchung über die Thüren und Mäuler, d. h. über die Bevölkerung und den Wechsel (in der Zahl) der Familien (hu) und Personen (keu).

B. 10 von der Dynastie Hia bis zu den (spätern) 5 Familien (960)

B. 11 unter der Dynastie Sung.

Ma-tuan-lin gibt schon eine Bevölkerungsangabe China's aus der Zeit Kaiser Yü's (2206 bis 2197 v. Chr.) und zwar von 13,553,923 Einwohnern und unter Tschen Tsching-wang (1115 bis 1078) von 13,704,923 Einwohnern. Legge Classics Prol. T. 3 p. 77 weiset aber als die älteste Quelle der ersten Angabe die Chronik der Kaiser und Könige von Hoang phu mi († 282 n. Chr., citirt von dem Herausgeber der Geschichte der spätern Dynastie Han, Tschi B. 19 f. 1), bei dem sie nur auf einer unzulässigen Calculation beruht, nach. Wir mussten sie daher in uns. Abh. die Glaubw. d. ältest. chin. Geschichte aus d. Sitz.-Ber. d. Akad. 1866 I, 4 S. 571 verwerfen. Paulhier Journ. As. 1868 T II p. 314 hat sie zu leichtgläubig gegen ihn vertheidigt. Dann stellt Ma-tuan-lin nur die Notizen über die Vornahme der Volkszählung aus dem Tscheu-li Siao-sse-tu (R. 10 f. 1), Hiang Ta-fu (B. 11 f. 2 fg.), Tsai-wo (B. 12 f. 85) und Liü-sse (f. 89), Sui ta-fu (D. 15, f. 25), Siao-Sse-keu (B. 85 f. 80) und Kiün-jin (B. 13 f. 12) zusammen, die wir in unserer Abhandlung: Gesetz und Recht im alten China, s. d. Abh d. Ak. X. 3, B. 706 fg. mitgetheilt haben. F. 4 v. gibt eine Stelle aus Tschung-schang Pu-kien über die Volkszählung. F. 5 hat er noch eine Volkszählung aus der Zeit von Tscheu Tschnang-wang Ao. 13 (658 v. Chr.), wo sich die Bevölkerung China's angeblich auf 11,041,923 Einwohner vermindert hatte. Dann kommt er gleich auf die Dynastien Thsin, Han und die späteren.[10]) Die Vergleichung mit Pan-ku's

---

9) S. J. Klaproth: Sur l'origine du papier monnaie im Journ. As. 1 p. 257 und Mém. rel. à l.'Asie T. 1 p. 375.

10) Darnach E. Biot Mém. sur la population de la Chine et ses variations depuis l'an 2400 a. J. C. jusqu'au XIII siècle de notre ère

Tsien Han-schu K. 28 schang und bis, dem Ma-tuan-lin die Angabe
über die Bevölkerung China's und der Dynastie Han s. 2 n. Chr. zu
12,233,062 Thüren (Familien) und 59,594,978 Mäulern (Personen) ent-
nimmt, zeigt bei Pan-ku eine Detail-Angabe jeder der Provinzen und
Reiche (kiün und kue) und den damaligen Umfang des Reiches.

Ein Anhang zu B. 11 f. 26 fg., Nu-pei, handelt von den
Sklaven und Yung-jin von den gemietheten Dienern.

In alter Zeit soll es in China keine Privat-Sklaven gegeben
haben,sondern nur zum Staatsdienste verurtheilte Verbrecher. Er
citirt nur Tschen-li Ta-tsai (B. 2 f. 24). Erst als unter Han Kao-tsu
(nach den langen Bürgerkriegen) den Armen erlaubt wurde, ihre
Kinder zu verkaufen, entstand die Privat-Sklaverei.[11])

S. 4. B. 12 und 13. Tschi-ye-kao. Untersuchung über
die Aemter und Dienste.

B. 12 von Hoang-ti bis Sung Schin-tsung (1086).

B. 13 von Sung Tschi-tsung bis Ning-tsung (1086—1224).

Ich weiss nicht, woher er die Nachrichten über die Aemter unter
Hoang-ti zu Anfange hat; er giebt dann die verschiedenen Volksab-
theilungen, wie 5 Häuser einen Pi, 5 Pi einen Liü bildeten und was
jedem oblag, aus dem Tscheu-li Ta-sse-tu (B. 9 f. 39), dann über die
verschiedenen Vorsteher dieser Abtheilungen, den Pi-tschang (aus B. 11,
f. 85), Tso-sse (B. 11 f. 26), Sui-jin (B. 15 f. 1), Liu-tschang (B. 15 f. 38),
Li-tsai (B. 15 f. 35), Tsun-tchang (B. 15 f. 33), Pi-sse (B. 15 f. 32) und
Hien-tsching (s. m. Abh. Verf. und Verwalt. China's u. d. S. D. s. d.
Abh. d. Ak. X. 2).

F. 5 hat einige Angaben über die Verhältnisse in einzelnen Vasallenreichen unter der Dynastie Tscheu, namentlich die Eintheilung
die Kuan-tschung, der Minister von Thsi Huan-kung,[12]) (685—643)

---

im N. Journ. As. Ser. III T. I 1836 p. 369 und T. II p. 74, vgl. Sacharoff in den Arbeiten der russischen Gesandtschaft in Peking. Berlin
1858 B. 2 S. 131 fg.

11) S. E. Biot Mémoire sur la condition des esclaves et des
serviteurs gagés en Chine im N. Journ. As. 1837 Ser. III T. 3 p. 246—299.

12) In unserm Ma-tuan-lin steht wohl durch einen Druckfehler
Wei-kung.

machte, nach dem Kue-iü. F. 6 v. spricht von den Veränderungen, welche der Minister Schang-yang in Thsin vornahm. Dann kommt er auf Han Kao-tsu.

S. 5. B. 14—19. Tschiug-kio-kao, Untersuchung über die Abgaben und Zölle.

B. 14. Tsching-schang handelt von den Abgaben der Kaufleute, dann Kuau schi (von den Abgaben) auf den Märkten und au den Thoren. Die Stellen, die er für die alte Zeit benützt, sind Tscheu-li Sae-schi (B. 14 f. 10), Tschen-jin (B. 14 f. 18), verglichen mit Meng-tseu I, 2, 28, II, 2, 10, 7. Wir haben in unserer Abh. Gesetz und Recht im alten China, a. d. Abh. d. Ak. X, 3 S. 717 fg. 725 davon geredet. F. 2 kommt er schon auf Han Kao-tsu.

B. 15 und 16. Yen thie handelt von Abgaben auf Salz und Eisen, auch auf Fan, dem Alaun und zwar

B. 15 von der D. Tscheu bis Sung Tschin-tsung (1022).

B. 16 von Sung Schin-tsung (1068) bis Ning-tsung.

B. 17. Khio-ku, die Accise auf den s. g. Wein und Kiu-tsieu, die Weinverbote.

Die letzteren datiren schon von Tschen Wen-wang nach Schuking C. Tsien-kao V, 10 und sollen bis zu den Han bestanden haben; sonst citirt er nur Tscheu-li Ping-schi (B. 37 f. 26), welcher Beamte die Weinconsumption überwacht haben soll. Alles Folgende geht schon auf die Dynastie Han und die späteren Zeiten, aus welcher auch erst die Abgaben stammen; letztere erst aus der Zeit von Han Wu-ti aus der Periode Thian-han Ao. 3 (97 v. Chr.).[16]

B. 18. Khio-tscha, vom Theezolle. Dieser stammt erst aus der Zeit von Thang Te-tsung, aus der Periode von

---

13) Klaproth p. 20 sagt irrig: Die Abgabe sei erst unter der Dynastie Thsi (470—501 n. Chr.) aufgelegt, nach Ma-tuan-lin geschah dies aber schon vom Minister Kuan-tseu unter Thsi Huan-kung (685—643 v. Chr.); aber aus alter Zeit weiss er weiter nichts darüber und kommt F. 4 schon auf Han Kao-tsu und seine Nachfolger zu sprechen.

Kien-tschang Ao. 1 (780 n. Chr.).   Die alten Chinesen kannten bekanntlich den Thee noch nicht.   F. 21 v. Khang ye von Gruben und Schmelzereien.

B. 19.   Tsa-tsching-khin (andere han), von vermischten Licenzen, Schan, tse, tsin-thu von Bergen, Marschen, Fährten. Aus alter Zeit citirt er nur den Tscheu-li (B. 16 f. 10), Wei-jin, der eine Abgabe von Brennholz und Heu, und den Tsai-sse (B. 12 f. 32), der ¹/₈₈ stel von Marschen und Wäldern erhob.   Dann kommt er schon auf Han Kao-ti.

S. 6. B. 20 und 21.   Schi-li-kao, vom Marktverkaufe und zwar

B. 20.   Schi, vom Markte. Er citirt Tscheu-li, Tisiuen-fu (B. 14 f. 26) mit den Scholien. Nach F. 3 errichtet Han Wu-ti in der Periode Yuen-fu Ao. 1 (110 v. Chr.) das Amt des Schu-kien-schu zur Ausgleichung der Waarenpreise.

B. 21.   Ti, vom Einkaufe (von Reis), um durch öffent-Kornmagazine eine beständige Ausgleichung der Kornpreise zu erzielen.   Kuan-tschong, der Minister Huan-kung's von Thsi (685—643) begann solchen Ankauf von Staatswegen, ebenso Wen-heu von Wei (660—635 v. Chr.). F. 4 v. kommt er dann auf die Han und späteren.

S. 7. B. 22.   Tu-kung-kao, Untersuchung über die Abgaben auf Grund und Boden.   Er beginnt mit der Stelle des Schu-king C. Yü-kung (II, 1), wo die Produkte, welche jede der 9 Provinzen als Abgabe lieferte, aufgeführt werden; dann kommt er gleich auf Tscheu-li Ta-tsui (B. 2 f. 38 und 39) und F. 2 auf Ta-jin-tchi (B. 38 f. 23) über die Abgaben der verschiedenen Abtheilungen (fu), und hierauf zu Han Kao-ti. F. 7—22 gibt er dann die jährlichen Abgaben der Provinzen des Reiches unter der Dynastie Thang. Jede Provinz hatte nämlich ihre eigenen Produkte, die sie an den Hof lieferte; er fügt die Namen dieser Provinzen zu seiner Zeit hinzu. Man sieht, wie grosse Lücken hier in diesem Betrachte in der chinesischen Geschichte sind.

S. 8. B. 23—27. Kue-yung-kao enthält die Untersuchung über den Bedarf oder die Ausgabe des Reiches
und zwar:

B. 23. Die Reichsausgaben von der Dynastie Tscheu
bis Sung Thai-tsu (976).

B. 24 von Sung Tschin-tsung bis Ning-tsung (996 bis
1224).

B. 23 beginnt mit einer Stelle aus Li-ki C. Wang-tschi 5, 23 v.
Der Tschong-tsai ordnete die Reichsausgaben nach dem Jahresertrage,
dann Tscheu-li Ta-tsai B. 2 f. 28 über die 9 Arten der Abgaben der
Hauptstadt u. s. w. und deren Verwendung ib. F. 32 fg. der Gross-
schatzmeister (Ta-fu B. 6 f. 1) vertheilte die Stoffe. Die Stelle F. 3 v.
aus Kia-schan-tsi gibt Klaproth p. 24: Nach F. 4 v. hatten die West-
Han einen Staatsschatz, welche der Ta-sse-nung, der grosse Arbeiter
hiess, und daneben noch den Privatschatz des Kaisers, Schao-fu, das
kleine Bureaux und Schui-bing, die Wasserwaage genannt. Die Thang
hatten „den Wald der kostbaren, rothen Steine," die Sung ausser den
3 Bureaux, die vom Finanz-Ministerium abhingen, noch den „innern
Schatz der Barre".

B. 25. Tsao-yün handelt von dem Wassertransporte
der Naturalabgaben, von der Dynastie Thsin bis Sung Ning-
tsung.

B. 26. Tschin-sio von der Hülfe, welche der Staat dem
Volke gewährte. Aus alter Zeit bezieht er sich auf Tscheu-li
Y-jin, den Mann der Gnaden, B. 13 f. 7, und Lin-jin, den
Kornmagazin-Mann B. 16 f. 42. Dann kommt er F. 1 v.
gleich auf Han Kao-tsu. Soweit geht Bd. 1.

B. 27. Kiuen-thai, vom Erlasse der Abgaben; sie beginnt
von Han Hiao-wen-ti 163 v. Chr.

S. 9. B. 28—39. Siuen-kiü-kao, von der Wahl und
Erhebung zu Aemtern, zerfällt in 2 Abschnitte.

B. 28—35. Kiu-sse von der Wahl oder Beförderung
zum Graduirten (Sse) und zwar:[14]

---

14) S. E. Biot Essai sur l'histoire de l'instruction p. 18.

B. 28 von der Dynastie Tschou[15]) bis zur Dyn. Suy (617).

B. 29 von Thang Kao-tsu (618) bis Tschao-tsung[16]) (904).

B. 30 von Leang Thai-tsu[17]) (907) bis Sung Thai-tsung (997).

B. 31 von Sung Jin-tsung (1023) bis Khin-tsung (1126).

B. 32 von Sung Kao-tsung (1127) bis Ning-tsung[18]).

B. 33. Hian-liang von den Weisen und Guten und von den Regierungskuudigen (Fang-tsching) seit Han Wen-ti Ao. 2 (178 v. Chr.), die befördert wurden.

B. 34. Hiao Lien, von den Frommen und Rechtschaffenen seit Han Wen-ti Ao. 12[19]) (167 v. Chr.), F. 15 Wu-kiü, Krieger, die befördert wurden. F. 21. Jin-tseu, Söhne von Beamten (die befördert wurden)[20]).

B. 35. Thung-kho, die Clusifizirung der Jungen, aus dem Siao-hio (der untern Schule), Li-tao, der Weg der untern Beamten (Li) (F. 7 v. werden die unter den West-Han namentlich aufgeführt): Tseu-tsien-tsin-na, Beförderung wegen Vermögen und Reichthum. Die 600 Schi Reis lieferten, erhielten Stellen, die 4000, wurden Ta-fu, die 7000, Ta-schu-sehang.

---

15) Aus alter Zeit citirt er B. 28 Tschou-li Ta-sse-tu (B. 9 f. 45), Hiang Ta-fu (B. 11 f 6), Tschou-tschang (B. 11 f. 23), Tso-sse (B. 11 f. 26), Li-ki Wang-tschi C. 6, Kue-iü, Thai Huan-kung.

16) B. 29. F. 25 bis 89 v. gibt er eine Liste aller Sse und Tsai. die von Thang Kao-tsu und seinen Nachfolgern in jedem Jahre zu dieser Würde erhoben wurden.

17) B. 30. F. 6 v.—9 eine ähnliche Liste aller, die von den der Dynastie Liang jedes Jahr befördert worden sind.

18) B. 32. F. 26—32 eine ähnliche Liste aller von den Sung jedes Jahr Beförderten.

19) B. 34. F. 9—10 v. die einzelnen Hiao Lien, welche die Ost-Han beförderten.

20) F. 22 werden die Einzelnen unter den West-Han, F. 27 die unter den Ost-Han Beförderten namhaft gemacht.

B. 36 bis 38 Kiü-kuan von der Erhebung zu Aemtern und zwar

B. 36 von Yü (-Schün) bis zur Dynastie Sui (618).

B. 37 von Thang Kao-tsu bis Tschao-tsung (905).

B. 38 von Heu Thang Tschuang-tsung (923) bis Sung Ning-tsung.

B. 36 beginnt mit Schu-king II, 4. Kao-yao's Rathschläge über die Verwaltung, dann C. Tscheu-kuan V, 20.

B. 39. Pi-Kiü, Vergleichung (der Zahl der Beförderten), wie viele Beamte unter den 3 ersten Dynastien der Kaiser, dann wie viele ein grosses, dann ein kleines Reich etc. hatte, wie viele später unter Han Wen, Periode Heu. F. 13 v. Kao-ko, von der Prüfung (des Verhaltens) der Beamten. Er beginnt mit Schün, der nach Schu-king C. Schün-tien II, 1, 27 alle drei Jahre eine solche Prüfung seiner Beamten vornahm.

S. 10. B. 40—48. Hio hiao kao, Untersuchung über die Schulen und Collegien[21]) und zwar

B. 40—42. Thai-hio, von dem grossen Studium oder den höheren Schulen, nämlich

B. 40 von Yü (-Schün[22]) bis Han Ling-ti (190 n. Chr.).

B. 41 von Wei (der 3 Reiche, 221) bis zu den Heu U-tai (960).

B. 42 unter den Sung.

B. 43 und 44. Sse-tai pao-tseng-sien Sching, sien Sse, Lo-heu handelt von den Opfern und Ceremonien (in den

---

21) E. Biot Essai sur l'histoire de l'instruction publique en Chine et de la corporation des lettrés, depuis les anciens temps jusqu'à nos jours. Paris 1845. 8 nach Ma-tuan-lin S. 10 K. 40—40 und dem Yü-hai K. 111—113 und meine Abh. Ueber Schule, Unterricht und Erziehung bei den alten Chinesen. München 1868. 8. a. d. S.-B. d. Ak.

22) Die Stellen über die alte Zeit aus Li-ki Wang-tschi (C. 5), Wen-wang-schi-tseu (C. 4), Ming-tang-wei (C. 10), Tsi-y (C 24), Hio-ki (C. 18), Nui-tse (C. 12), Meng-tseu III, 1, 3, 10 (1, 5, 14) und dem Schu-king u. s. w. gibt Biot p. 11 fg.

Schulen), die früheren Heiligen oder Höchstweisen und früheren Lehrern zu ehren, und zwar

B. 43 von der Dynastie Tscheu[23]) bis Sung Tschin-tsung (1022).

B. 44 von Sung Jin-tsung (1023) bis Ning-tsung. Unter dieser Dynastie hatten sie sehr zugenommen.

D. 45. Hing-hio, Yang-lao, berichtet von den Besuchen der Kaiser in den Schulen (des Hofes) und den Gastmalen, die bei diesen Gelegenheiten in den Schulen den Greisen gegeben wurden.[24])

B. 46. Kiün-kue, Hiong, Tang techi hio, von den Schulen in den Provinzen, Reichen, Districten und Cantons; vergl. Yü-hai B. 113.

S. 11. B. 47 — 67. Techi Kuan kao, Untersuchung der Functionen der Beamten.

B. 47. Kuan-tschi-tsung-siü, allgemeine Uebersicht über die Anordnung der Aemter. Er beginnt mit Fo-hi's angeblichen Ernennungen, dann wie Yao den Hi und Ho mit astronomischen Beobachtungen beauftragt, nach Schu-king Yao-tien I, 1, 3 fg., gibt hierauf Kaiser Schün's Ernennungen zu Aemtern, Schu-king II, 1, 17 fg. u. s. w. F. 7. Li-tai-kuang-su, die Anzahl der Aemter im Laufe der Zeit. Die ältesten Nachrichten sind wohl sehr unsicher; Thang (d. i. Yao) soll 16 Beamte gehabt haben, Yü (-Schün) 60, die Dynastie Hia 120, die Dynastie Yn 240, die Dynastie Tscheu 63,675 (wohl alle auch die in den Vasallenreichen mitge-

---

23) Nach Li-ki Wen-wang Schi-tsen (C. 4), Wang-tschi (C. 5), Yuei-ling (C. 6) und Hio-ki (C. 18). Tscheu-li Tai-siü (B. 22 f. 52) und Yo-tschang (B. 23 f. 53). F. 7 ist er schon bei Han Kao-tsu.

24) Die ältesten Stellen sind: Li-ki Wen-wang Schi-tsen (C. 4) und Wang-tschi (C. 5). Er citirt auch den Schang-schu (Schu-king) Ta-tschuen, den grossen Commentar zum Schu-king von Ma-yung aus dem Anfange der christlichen Zeit. S. Mém. T. 2 p. 208 u. Legge Prol. T. III p. 28; er existirte noch zum Theil unter der Dynastie Sung.

rechnet), die Dynastie Han gar 130,285, die Heu-han (die bloss einen Theil von China besassen) nur 7567 u. s. w. F. 19—31 gibt an, wie viele von jeder Art im Amte waren.

In den folgenden Büchern 48—67 wird nun von jedem einzelnen Amte gehandelt und dieses sehr sonderbar durch alle Dynastien hindurch verfolgt, wie wenn wir von den Ministern, Assessoren u. s. w., von Karl dem Grossen bis Karl V, oder Kaiser Franz II handeln wollten. Es war das nur in China thunlich, wo die Verwaltung seit der ältesten Zeit, wenn auch modificirt, sich erhalten hat und selbst die Eroberungen von Theilen oder ganz China's durch fremde Barbaren, wie die Leao, Kin, Yuen und Mandschu, im Ganzen keine neuen Verwaltungsformen ins Lebeu gerufen haben.

Wir haben in unserer Abh. über die Verfassung und Verwaltung China's unter den 3 ersten Dynastien, aus den Abh. der Akad. X, 2 S. 75 fg. eine Uebersicht sämmtlicher Beamten der 3. Dynastie nach dem Tscheu-li mit einer ohngefähren Uebersetzung der Namen derselben gegeben, dabei aber schon bemerkt, wie schwierig die ist, da die Begränzung einer Amtssphäre schwer anzugeben ist, auch die Wörter in den verschiedenen Sprachen sich nicht decken. Wir müssten solche Uebersichten über die Beamten aller folgenden Dynastien haben, um nur eine leidliche Uebersetzung auch aller dieser geben zu können, die aber fehlt, und um so schwieriger wäre, weil die späteren Benennungen zum Theil sehr eigen sind. Alte Namen von Aemtern kommen ab und werden durch neue ersetzt, die aber auch durch die früheren wohl wieder verdrängt werden; so der des Thai-sse. Es kommen aber auch neue Stellen dazu, wie z. B. das Collegium der Han-lin. Staats- und Hofämter werden in China nicht geschieden, Civil- und Militäranstellungen nicht durchaus getrennt, auch Cultus- und Unterrichtswesen begreift der Staat dort zum Theil mit in sich. Dann werden

2*

in jeder Abtheilung auch die untern Beamten bis zum
Dienstpersonal nicht vergessen. Die Aemter, deren Namen
einigermassen verständlich sind, geben wir an.[26]) Ma-tuon-
lin beginnt mit den höchsten Staatsämtern in ältester Zeit,
kommt dann auf die Stellen der Centralverwaltong im
Ganzen und Einzelnen und geht hinab bis zu den Provincial-
Stadt- und Dorfbeamten, die aber nur korz wegkommen,
während das Unterpersonal der einzelnen Stellen detaillirter
angegeben wird.

B. 48.   San Kung tsung siü, San Sse, San Ku und
die dazu gehören. Die 3 Kung, 3 Sse, 3 Ku waren die
höchsten Aemter, die ersten etwa Premierminister. Nach
Schu-king V, 20, 5 und 6 C. Tscheu-kuan (die Aemter der
Dynastie Tscheu) baben wir unter der Dynastie Tscheu einen
Thai-sso f. 9 v., Thai-fu f. 10 und Thai-pao f. 11 v. (die 3 Kung),
dann Assistenten derselben, den Schao-sse, Schao-fu und
Schao-pao (die 3 Ku; Thai heisst gross, schao klein). Legge
übersetzt die 6: the grand and Junior Tutor, Assistant und
Guardian. Im Tscheu-li kommen sie nicht mehr vor, unter
der Dynastie Han aber ein Thai-sse u. s. w. Lo khing, für
die 6 ersten Minister findet sich schon im Schu-king V, 20, 13
und im Tscheu-li, hier auch für die in den Feudalreichen
(21, 5. 28, 22). Später heissen sie San oder Lo (die 3 oder
6) Sing.

B. 49.   Tsai-siang und die dazu gehörigen, wörtlich
Regierungsbeistände, auch bloss Siang, Gehülfen u. s. w.,
heissen dann später die Staatsminister. Tschhung-tsai für
Premier-Minister findet sich schon unter der Dynastie 2 und
3 im Schu-king (IV, 4, 1. V, 17, 1. 20, 7), so oder Ta-tsai

---

26) Der Yuen kien lui han Sect. 8 D. 61—117 gibt eine ähnliche
Uebersicht der chinesischen Civil- und Militärbeamten bis auf seine
Zeit, aus der Morrison unter dem Charakter Kuan Dict. I I, p. 807 fg.
einen Auszug gibt, der uns sehr dienlich war.

f. 12 auch im Tscheu-li (I f. 3 und B. II; da auch ein Siao-
tsai, Nui-tsai u. s. w.). Ma-tuan-lin hat hier noch den Thai-
wei f. 13, d. i. den grossern Beruhiger, eine Art von Befehlshaber eu chef, dann den Sse-tu f. 15 v., Sse-kung f. 17 v. und
Ta-sse-ma f. 19, von welchen der Tscheu-li in besonderen
Büchern handelt.

B. 50. Men- hia sing, Beamte am Palastthore, handelt
von verschiedenen Hofbeamten, z B. den Schi-tschung, Dienern
im Innern (die das Essen, die Arzneien, die Kleider des Kaisers
besorgten), Schi-lang u. a.[16]) Die Kien i ta-fu, seit der Dynastie Thsin (?), sollen, wenn befragt, ihre Meinung in Regierungs-
angelegenheiten abgegeben haben; die Ki sse tschung sollten
Botschaften an den Kaiser und von ihm überbringen. San-ki,
Diener zu Pferde sein; — Khi-kiü, die (des Kaisers Worte und
Thaten) verzeichneten, — Schi-i, — die Vernachlässigtes sam-
meln, — und Pu-kiue, - die Mängel ergänzen, — waren Beamte,
Irrthümer des Monarchen zu bezeichnen; die Tien-i hatten
bei den grossen Staats-Ceremonien zu thun; Tsching men
lang waren Aufseher über die Stadt- oder Citadellthore; Fu
yao lang, die Bewahrer des Siegels, und Hung wen kuan
war das Amt für die Abfassung der officiellen Schriften.

II, 51. Tschung schu sing. Tschung-schu sind Schreiber
im Innern, die Beamten, welche die Befehle des Monarchen
seinen Räthen oder die sie auszuführen hatten, überbrachten.
Ma-tuan-lin hat unter diesen den Tschung-schu Lang wieder
einen Schi-lang, Sche-jiu, eine Art Secretäre, ursprüngl ch
Ceremonienmeister, dann den Tung sse sche jin; Tung-sse
sind Dollmetscher und Uebersetzer für den Verkehr mit
Fremden; Tsi-hien thien, Literaten am Hofe, die kaiserlichen

---

26) Sie kommen in verschiedenen höhern Tribunälen vor; Lang,
eigentlich ein Pavillon, ist so viel als Sse. ? Sekretär. E. Biot s. l'in-
struct. p. 699 gibt Tschi-lang Vicepräsident.

Erlasse zu beaufsichtigen.[27]) Sse- (oder Schi-)kuan, das Amt der Sse; Historiograph ist ein zu enger Begriff. Schang-schu sing; Schang-schu, geehrtes Buch oder Schreiber, heisst jetzt der Präsident einer der 6 Tribunäle. Obiger Beamte kam unter der Dynastie Thsiu (200 v. Chr.) auf und hatte die Aufsicht über die Erlasse. Lo schang-schu war unter den Han ein hohes Amt, Schang-schu Ling da der Premierminister; Po-sse, eigentlich Titel eines guten Schützen; Tso-yeu tsching, Minister zur Rechten und Linken (des Monarchen); da noch der Tso-yeu Sse lang tschung.

B. 52. Li tai Schang schu, die Präsidenten der 6 grossen Tribunäle in den verschiedenen Zeiten. Zuvor noch vom Hing-tai-sing, ein Amt, das aus der Dynastie Tsin (im 5. Jahrh.) stammt, Civilbeamte, welche das Heer begleiteten. Dann von den 6 s. g. Tribunälen (lo pu); der jetzige Name Pu datirt erst aus der Dynastie Sui, Anfang des 7. Jahrhunderts n. Chr.; unter der 8ten Dynastie Tscheu sprach man von Lo-tien, unter Han Kuang-wu-ti im 1. Jahrh. n. Chr. von den Lo-tsno. In jedem einzelnen Tribunale kehren ziemlich gewisse Beamte immer wieder; so der schon erwähnte Schi-lang, der (Tu schi) lang-tschung; der für die Ausgaben, Yuen wai lang; der Li-pu hat den Sse-fung lang-tschung, den Sse-hiün und den Kao-kung. Die einzelnen Tribunale haben unter sich aber auch noch einige von ihnen abhängige, nur das Tribunal der Ernennungen (Li-pu) keines;

das der Finanzen (Hu-pu) den Kin-pu über (des Kaisers) Schatz und Tsang-pu über die Kornmagazine (des Hofes);

das der Gebräuche (Li-pu) den Tse-pu, über die Opfer und Schen-pu über die (kaiserliche) Tafel und eins für die kaiserlichen Gäste Tschu-ke;

---

27) Das Amt datirt aus der Dynastie Thang (740 n. Chr.), unter den Ming kam es an das Collegium der Han-lin.

das des Krieges (Ping-pu) den Tschi-fang pu für die Auf-
nahme des Reichs, Kia-pu über das Gespann (die Wagen
und Pferde des Kaisers) u. Khu-pu für die Rüstkammer;

das Straftribunal (Hing-pu) das Residenzamt (Ta-kuan)
für die Polizei, Pi-pu für das Rechnungswesen und
Sse-men die Thorbeamten ;

das der öffentlichen Arbeiten (Kung-pu) hatte unter sich
Thün-tien die Soldatenfelder und Schui-pu das Amt
über die Gewässer (Flüsse und Kanäle).

B. 53. Yü-sse (oder schi) hiessen unter der 3. D. Tscheu
die kaiserlichen Historiographen, später aber Berichterstatter
im Allgemeinen. Ma-tuan-lin spricht hier speciell vom Yü
sse tai, Yü-sse Ta-fu, Yü-sse tschung tsching, Tschi schu
schi yü-sse, Schi-yü-sse, Thien tschung schi yü-sse, Kien-tschha
schi yü-sse, und Yü-sse tschu-pu, die verschiedenen Depar-
partements vorstanden.

B. 54. Hio-sse yuen. Hio-sse sind die Literaten, Yuen ist
die Halle. Hier wird gehandelt vom Collegium der Han-lin,
einer Art Akademie, aber viel höher gestellt, angesehener und
einflussreicher als die europäischen. Es wurde erst 750
n. Chr. unter Yuen-tsung von der Dynastie Thang gegründet
und besteht noch. Darunter führt Ma-tuan-lin auf: Han-liu
hio-sse tsching tschi, die Han-lin, welche die kaiserlichen
Willensmeinung empfangen und mittheilen und andere besondere Abtheilungen, wie Han-lin Schi-to hio-sse, die stehen
und (dem Kaiser) vorlesen, Han-lin Schi-king hio-sse, die
stehen und zu ihm sprechen oder ihm erklären (z. D. die
King), schon unter Thang Kao-tsung 680 n. Chr. Diese
Hio-sse werden aus den verschiedenen Dynastien dann nach
den verschiedenen Klassen angeführt; die Sieu tschan hatten
die Aufsicht über die Abfassung der Geschichten.

B. 55 und 56 spricht von den verschiedenen Klassen der
Khing. Der Titel Khing kommt schon im Schu-king unter

der 3ten Dynastie und früher vor, hat aber zu verschiedenen
Zeiten eine sehr verschiedene Geltung gehabt.

B. 55 spricht von verschiedenen Klassen von Khing, dem
Tschu-khing und dem Schao (kleinen) Khing, dann dem
Thai tschang (dem grossen und dauernden) Khing für die
grossen Staats-Ceremonien und die heilige Musik. Der Thai-
tschang schao king assistirte ihm, reichte das Räucherwerk
und die Lichter. Unterbeamte des Thai-tschang waren auch
hier der Tsching, Tschu-pu, Po-sse, der Thai-tscho (der Gross-
Beter im Tscheu-li 25, 1 fg.), für die Zauberei (Thai-i) und
Wahrsagung (Thai-fu, vgl. Tscheu-li 24, 1 fg.), die Musik dabei (Thai-yo) und für das Korn und die Opferthiere (Lin-hi).
Der Kuang-lo khing hatte die Aufsicht über die Seitenthore
des Palastes, die zu den verschiedenen Amtswohnungen und
zur Küche führten. Auch hier und und bei den folgenden verschiedene gleiche und einige andere Unterbeamte; so beim Wei
wei khing aus der Zeit der 4. D. Tshin zur Bewachung der
Palastthore; zu diesem gehörten der Wu khu ling, der Kung
tsche ling, der Sse-ma ling (über Wagen und Pferde) und andere
Unterbeamte. Der Tsung tsching khing hatte die Controle über
die kaiserliche Verwandtschaft und unter ihm ein Schao-khing.

B. 56. Der Thai po khing war über die kaiserlichen
Wagen, Pferde und Ställe. Ueber die Ställe (kien), die Hirten
(mu) und Wagen (tsche) waren besondere Aufseher (tien).

Ta-li khing mit einem Schao-khing soll eine Art Justiz
(court of equity) geübt haben. Auch hier verschiedene Unterbeamte.

Hung[**] lu khing hiessen zuerst unter der Dynastie
Han, die die Etiquette bei Empfang von Besuchen am Hofe
leiteten. Unter den verschiedenen Dynastien hatten sie verschiedene Namen, unter der 3teu Dynastie den von Hing-
jin (im Tscheu-li 38, 1), doch entsprachen die Aemter ein-

---

28) Hung ist der Schrei von Heerden wilder Gänse.

ander nur theilweise. Unter den Beamten, die dazu gehörten (Kuan-scho), nennt er einen Tsching, Tschü-pu, den Sse-l schu und Tien-ke-schu.

Der Sse nung khing mit einem Schao-khing hatte unter sich den Ackerbau. Auch hier sind mancherlei Unterbeamte für Magazine, Wälder u. s.

Thai fu khing hiessen seit der Dynastie Linng im 6. Jahrhunderte die Vorsteher des kaiserlichen Schatzes (Gold, Seidenzeuge u. s. w.). Auch hier waren Tsching Controleure, Tschu-pu Schreiber n. a.

Pi schu kien, Aufseher über die geheimen Bücher, hiess seit Han Hiuan-ti (170 n. Chr.) der Aufseher über die National-Archive, unter ihm war der Schao-kien. Auch hier Tsching und Lang u. a.

B. 57. Tien tschung kien sind Aufseher über das Innere des Palastes. Besondere Abtheilungen bilden der Schang-schi über die Speisen (des Kaisers), Schang-yo über seine Arzeneien; Schang-i über seine Garderobe (Kleider); Schang-sche über seine Gemächer; Schang-sching, über sein Fuhrwerk.

Schao-fu kien war der Aufseher der kleinen Magazine. Dieses enthielt den Ertrag von Hügeln, Seen und andern Wässern für den kaiserlichen Haushalt. Auch hier wie beim Folgenden mancherlei Unterbeamte.

Tsiang-tso kien waren Aufseher über die verschiedenen Handwerker, die auf den kaiserlichen Domainen beschäftigt wurden.

Kue tseu kien, der Aufseher über das Reichs- (Hof-) Collegium. So hiess er seit 610 n. Chr.; erst Kue-tseu tsi tsieu mit dem Zusatze: der Spender (Opferer) des Weines, weil der älteste Anwesende (der Mutter Erde) den Wein spendete. Andere hieher gehörige Aemter sind der Sse-nie, Tsu-kiao, Gehülfen beim Unterrichte, Po-sse für alte und neue Geschichte, dann Liü bio Po-sse desgleichen für Musik, Siuen bio Po-sse

für das Studium der Zahlen,   Wu-hio für das Kriegs-
studium u. s. w.

Kiün ki kien, der Aufseher über das Heeresgeräthe,
mit dem Nu-fang-scho und Kia-fang-scho über das Magazin
mit den Armbrüsten (nu) und Rüstungen (kia) und dem
Thu schui sse tsche, dem Aufseher über die (kaiserlichen)
Wässer, dem über die Brücken und Schiffe auf dem (Hoang-)
ho und Hun, Ho, Han liang tscheu.

D. 58 handelt unter andern von verschiedenen Befehls-
habern, deren Erörterung im Einzelnen zu weit führen würde.
Ma-tuan-lin beginnt mit dem Commandeur en chef Tschhu mi
yuen und den dazu gehörigen; Tsiang-kiün heisst der Heer-
führer seit der Dynastie Tscheu. Tso-yeu wei, Tso-yeu hiao
(khi) wei, Tso-yeu wu wei u. a. Tso-yeu heisst zur Rechten
und Linken, Hiao (Khi) die Cavallerie, Wei die Garde. Es gab
dann Tso-yeu Wei-wei und Ling-kiün. Kien-meu sind die
(Palast-) Thoraufseher (Wachen). Sonderbar ist der Ausdruck Tso-yeu tsien nieu, „die 1000 Ochsen zur Rechten und
Linken“, für gewisse Schwertträger der Leibgarde, weil die
Kaiser im 7. Jahrhundert n. Chr. ein Schwerdt trugen, das
„die 1000 Ochsen“ hiess! Tso-yeu Yü-lin, Feder-Wald hiess
eine Art Ehrengarde; Tso-yeu Schin tse kiün war die linke
und rechte Armee der göttlichen Kriegslisten 750 n. Chr.
bis zu den Kiu; Tien tsien sse der Vorstand (der Garde)
vor dem Palaste; Schi wei ma kiün sse der Befehlshaber
der Garde zu Pferde; Schi wei pu kiün-sse der der Garde
zu Fuss u. s. w.

D. 59 handelt weiter von den Kriegsbefehlshabern. Der
Titel Thai tsiang-kiün, der grosse Armeebefehlshaber, kam
zur Zeit der Bürgerkriege zu Ende der 3. Dynastie auf;
Tu-to hiess ein Oberbefehlshaber; Siuen wu sse ein Offizier,
der abgesandt wurde, bei Calamitäten das Volk zu beruhigen;
Kiü-ki tsiang-kiün der General der (Kriegs-) Wagen und Cavallerie; Wei tsiang-kiün der Befehlshaber der Garde (um den

Kaiser); Tsien-heu tso-yen tsiang-kiün die Befehlshaber der
Fronte und des Nachtrabs zur Rechten und Linken; Sse-
tsching-, Sse-tschin-, Sse-ngan-, Sse-ping immer Generäle
(tsiang-kiün), zu besiegen, zu beruhigen u. s. w. die 4 (Weltgegenden).

Kien-kiün waren Armee-Inspectoren, — Tsie tu sse
unter den Thang Befehlshaber in Gegenden, wo ein Aufstand
auszubrechen oder Räuber einzufallen drohten u. s. w.

B. 60. Tung-kung kuan tsung siü, handelt von den
Beamten des östlichen Palastes (Harems), erst im Allgemeinen,
dann im Einzelnen. Dazu gehören des Erbprinzen 6 Wäch-
ter, der Lehrer Thai-tseu lo fu, Thai-tseu Pin-ke, dessen
Gäste, 4 alte Grauköpfe um ihn; Thai-tseu tschen-sse, die
seinen Haushalt controliren; Thai-tseu (tschung) schu tseu,
die für seine Erziehung sorgten und viele andere, die wir
einzeln hier nicht aufführen können; Yü-te (tschung yön),
tsan schen, seine Tugend zu fördern — bis zu seinem Pferde-
Wascher (Se-ma), Tsung wen kuan-hio (sse).

Der Thai tseu kia ling besorgte die Verwaltung der
Prinzen. Thai tseu-po war eine besondere Art persönlicher
Diener desselben, so auch noch Andere. Thai-tseu tso-yeu
tsing tao so fu scheinen Wegreiniger desselben zur Rechten
und Linken gewesen zu sein; Thai-tseu tso-yen kien men so fu
hatten die Aufsicht über seine Thore zur Rechten und Linken,
Thai-tseu liu pin tschung lang tsiang war eine Art Militärbefehls-
haber, der ihm attachirt war; Thai-tseu tso-yeu nuy so eine
Leibgarde desselben im Innern. Zuletzt kommen noch Thai
sün kuan, Beamte der hohen kaiserlichen Eukel. Die meisten
dieser Aemter stammen erst aus der 4. Dynastie Thsin.

B. 61. Sse li kiao wei war eine Art General-Inspector
am Hofe und in den Provinzen. Tscheu-mu tse schi; Tscheu-
mu, die Hirten, hiessen die Gouverneure der Provinzen,
Tse-schi die Aufseher derselben unter den Hao. Tu-to und
Tsung-kuan waren etwa General-Gouverneure. — Siün-fu

liess später ein Vice-Gouverneur. Hier werden noch mehrere Beamte aufgeführt, die schwer zu bestimmen sind.

B. 62. Tschi tachi sse war ein Militärbeamter unter den Thang, der eine Art von bewaffneter Polizei unter sich hatte. King lio sse ein kaiserlicher Commissär mit ausgedehnter Gewalt, der in unruhige Districte geschickt wurde. Tu ta ti kiü tscha ma tsche, der Generalaufseher über Thee (tscha) und Pferde (ma), in der Per. Hi-ning (1068—78 n. Chr.) entstanden, hatte unter sich den Austausch von Thee gegen Pferde an der Nordwestgrenze zwischen den Tataren Hooi-he und den Chinesen, der schon unter der Dynastie Thang begann. Der Ti kiü schi pe war ein Commissionär zur Zeit der Dynastie Thang, der die Erhebung der Abgaben von Handelsschiffen unter sich hatte. Dergleichen Ti-kiü gab es noch einige u. s. w.

B. 63. King-yn, der Gouverneur der Residenz, hatte unter den verschiedenen Dynastien verschiedene Namen. Zu seinem Stabe gehörte der Tu-siang. Dann gab es Provinzial- und Districts-Gouverneure Kiün tai scheu, Kiün-wei, Kilin-tsching u. s. w.; dieser zur Unterstützung des vorigen, Tschung-schi, Sse-ma, Tung-scheu, Tung-poan, deren Geschäftskreis zu bestimmen, mehr Raum forderte. — Lo-sse tsean kiün hiessen (?) Secretäre, die über die Aufführung von Beamten ihre Meinung abgaben; U kuan lo, untergeordnete Beamte, zum Stabe gehörig; dann waren da Sse-tsang, Sse-ping, Sse-li, Sse-fa, Sse-hu.

Hien-ling war der Districts- (hien) Beamte; unter ihm der Hien-tsching, der Tschu-pu sein Sekretär, Hien-wei unter dem die bewaffnete Polizei stand. Tschin schu kuan schi war eine Art bewaffnete Patrouille gegen Diebe, Räuber, bei Feuer u. dergl.

B. 64 fg geben Uebersichten, B. 64 über die Civilbeamten (Wen san-kuan), f. 16 über die Kriegsbeamten (Wu san-kuan), f. 26 die im Dienste des Fürsten (Hiün-kuan) u. a.

D. 65. Lo-tschhi die ursprüngliche Ordnung und die Einkünfte der Beamten vom Lande und speciell f. 27 Tschi-tien.

B. 66 u. 67. Kuan-phin ming su über Rangstufe und Zahl der Beamten, Tshin-tsio su die Zahl der Rangstufe unter der Dynastie Tshin, unter der Dynastie Han (Han lo schi su), dann von der Dynastie Wei bis zu der Dynastie Sung. B. 66 von der ersten bis zur 6. Rangstufe Sung phin su, tseu i phin tschi lo phin; B. 67 von der 7. bis zur 9. Tseu tsi phin tschi kieu phin.[29])

S. 12. B. 68—90. Kiao Sche-kao, Untersuchung über die Opfer Kiao und Sche oder dem des Himmels und der Erde, und zwar:

B. 68—72. Kiao, von dem Opfer, das dem Himmel dargebracht wurde, nämlich:

B. 68 von Yeu-Yu bis (zu Ende der) Tscheu (256 v. Chr.).

B. 69 von da an bis zu Ende der Ost-Han (220 n. Chr.).

B. 70 von der Dynastie Wei (264) bis zu Ende der Dynastie Thang (905).

B. 71 von der Dynastie Liang (907) bis Sung Tschi-tsung (1100) und

B. 72 von Sung Hoei-tsung (1101) bis Ning-tsung.

B. 73—75. Ming-tang, von den Opfern im Ming-tang, eigentlich der lichten (glänzenden) Halle und zwar:

B. 73 von Hoang-ti bis Thang Kao-tsung (684 n. Chr.).

B. 74 von Thang Wu-heu (684) bis Sung Kao-tsung (1162).

D. 57 von Sung Hiao-tsung (1163) bis Ning-tsung.

B. 76. Sse-heu-tu von den Opfern der Königin Erde. Die Hia opferten im 5. Monat der Erde (Ti), die Dynastie

---

29) Es gibt in China 9 Rangstufen (kieu phin), die durch kleine Kugeln von verschiedenem Stoff und Farbe unterschieden werden, die oben auf der Mütze getragen werden.

Yn im 6. Monat, die Dynastie Tscheu im Sommer. F. 7 v. ist er schon bei der Dynastie Thsin.

B. 77.   Yü von den Opfern, um Regen zu erbitten. Sie kommen bei Tso-schi, im Li-ki Cap. 6 Yuei-ling und dem Tscheu-li D. 9 vor. F. 9 v. ist er schon bei der Dynastie Hau.

B. 78.   Sse u Ti von den Opfern, die den 5 alten Kaisern dargebracht wurden.   Sie kommen erst im Li-ki Cap. 6 Yuei-ling und im Tscheu-li Siao-tsung-pe (19, 2), Ta-sse-keu (35, 14), Siao-sse-keu (35, 28), Sse-schi (35, 49) u. s. w. vor.   F. 14 v. ist er schon bei Han Wen-ti.

B. 79.   Sse Ji Yuei von den Opfern der Sonne und des Mondes.   Sie erwähnt der Tscheu-li Ta-tsung-pe (18,3) zuerst.   F. 7 v. ist er schon bei der Dynastie Thsin.

D. 80.   Tsi sing tschin von den Opfern, welche den Sternen dargebracht wurden.   Sie erwähnt zuerst der Li-ki Cap. 6 Yuei-ling.   F. 4 ist er schon bei der Dynastie Thsin.

B. 81.   Tsi Han schu von den Opfern, welche der Kälte und Hitze dargebracht wurden.   Sie erwähnt der Li-ki Cap. 23 Tsi-fa und Tscheu-li Yo-tschang (23, 52).   F. 8 Tsi Lo-tsung, Tsi sse-fang von den Opfern, die den 6 Verehrungs-würdigen[80]) und den 4 Weltgegenden dargebracht wurden. Die ersteren erwähnt der Schu-king schon Cap. Schün-tien II, 1, 6; Li-ki Cap. 23 Tsi-fa und Tscheu-li Ta tsung-pe (18, 4); die zweiten der Tscheu-li Ta-sse-ma (29, 28) und Ta-tsung-pe (18, 10); F. 16 ist er schon bei der Dynastie Han. F. 15. Tsi Fang-ning, diese Opfer erwähnt der J-ly.

---

80) Diese sind nach Klaproth N. Journ. As. T. 10 p. 36 die vier Jahreszeiten, Hitze und Kälte, die Himmelskörper (Sonne, Mond und Sterne), Wasser und Dürre, was wohl kaum richtig ist. So indess die chinesischen Ausleger Ngan-kuo u. a. Legge I p. 34 meint gewisse Geister, die diese Phänomene beherrschten, und (?) in verschiedenen Sternen ihren Sitz hatten. Letzteres ist wohl kaum richtig. Der Ausdruck ist aber zu unbestimmt.

B. 82. Tsi Sche-tsi von den Opfern, die dem Geiste des Feldes und der Saaten dargebracht wurden. Sie kommen viel im Tschen-li Siao-tsung-pe (19, 1), Tsiang-jin (43, 24), Fung-jin (12, 1), Siao-sse-tu (19, 25), Nei-tsai (7, 9), Tschen-tschong (11, 15), Ta-sse-tu (9, 3), Sang-tscho (25, 31) vor. Diese Stellen zieht er aus; F. 16 ist er schon bei Han Kao-tsu.

B. 83. Tsi Schan Tschuen von den Opfern der Berge und Flüsse. Sie kommen schon im Schu-king Cap. Schün-tien II, 1, dann öfter im Tschen-li unter dem Titel Sse-wang vor; so hier im Cap. vom Ta-sse-yo (22, 14), Nan-wu (25, 39), Ta-tscho (25), Siao-tsung-pe (19, 2), Sse-fo (21, 11), Wu-sse (12, 12) u. s. w.

B. 84. Fung Schen von den Hügeln und ebenen Plätzen (zum Opfer). Er erwähnt sie unter Thsin Schi-hoang-ti, aber F. 1 v. auch unter Thsi Huan-kung.

B. 85. Kao-mei von den Opfern des hohen Heiraths-vermittlers. Diese entstanden erst unter Han Wu-ti a. 29 (111 v. Chr.), als ihm ein Erbprinz geboren wurde. F. 8. Pa-tsa von dem Opfer am Ende des Jahres; es kommt im Li-ki und sonst vor.

B. 86. U-sse von den 5 Opfern, die den Schutzgeistern des Hauses oder Laren dargebracht wurden.

B. 87. Tsi-tien vom Kaiserfelde, und Tsi Sien-nung von den Opfern des früheren (ersten) Ackerbauers; der Li-ki erwähnt es. F. 3 spricht er schon von Han Wen-ti. F. 29. Thsin-tsan, Tsi sien tsan, von der Pflege der Seidenwürmer und dem Opfer, das dem früheren (ersten) Seidenzüchter dargebracht wurde.

B. 88. Fo Jang von den Opfern Fo und Jang (Unglück abzuwenden).

B. 89. Kao-tsi, von den Anruf- oder Bittopfern. Die Oberabtheilung (Schang) lautet: Li-kiün bei Einsetzung eines Fürsten, Kien-tu bei Gründung einer Hauptstadt, Fung-kue

bei Errichtung eines Lehnreiches, Tsung-miao-fn bei Einrichtung
eines Ahnentempels und F. 14 v. die Unterabtheilung (Ilia)
Sitln - schen bei der Visitationsreise (eines Kaisers) und
Tsching-fa bei einem Angriffe oder Kriege. Was die Ein-
setzung eines Fürsten betrifft, beginnt er mit der Kaisers
Schün's durch Yao, und Yü's durch Schün im Schu-king I, 1
und II, 1, spricht dann von der Thang's und Wu-wang's (der
Stifter der 1. und 2. Dynastie).

B. 90.   Tsa-sse handelt noch von verschiedenen (andern),
wie dem Opfer Ho; F. 4 ist er schon bei Thsin Schi-hoang-ti.[81])

S. 13. B. 91—105.   Tsung-miao kao, Untersuchung
über die Ahnentempel und den Ahnendienst, und zwar

B. 91—94.   Thien-tseu Tsung-miao von den Abnen-
tempeln der Kaiser, nämlich

B. 91 von Thang-Yü[82]) bis (zum Ende der) Tscheu.

B. 92 von der Dynastie Thsin (255 v. Chr.) bis zur Dynastie der Ost-Tsin (419 n. Chr).

B. 93 von Nan-tschao Sung Wu-ti (454) bis Sung Jin-
tsung (1063).

B. 94 von Yng-tsung (1064) bis Ning-tsung.

B. 95.   Heu fei miao über die Ahnentempel der Kaiserin
und der Nebenfrauen und Sse-thsin-miao die der Verwandten.

B. 96—99.   Tsi sse schi hiang von den Ahnenopfern Tsi
und Sse und den Darbringungen in den (4 verschiedenen)
Jahreszeiten und zwar:

_____

81) Wir hätten in unserer Abhandlung über den Cultus der
alten Chinesen noch einen Abschnitt über die verschiedenen Opfer
geben sollen, wir fürchteten nur zu weitläufig zu werden. Diese Uebersicht kann als eine Ergänzung der Abhandlung dienen. Man sieht
daraus, wie die Chinesen nichts weniger als irreligiös, sondern das
ganze Leben mit Religion durchwoben war.

82) B. 91 F. 13 enthält Tafeln über die 5, und F. 15 über die
7 Miao der Tscheu.

B. 96 von Yeu-Yü bis zur Dynastie Tscheu. Unter Yü hiess das Frühlingsopfer Yo, das Sommeropfer Ti, das Herbstopfer Tschang, das Winteropfer Tsching.

B. 97. von den Han (202 v. Chr.) bis zu den 5 Familien (U-tai, 960 n. Chr.).

B. 98 und 99 unter der Dynastie Sung (960).

B. 100—102. Ilia Ti; von den Opfern Ilia und Ti und zwar

B. 100. Ku Ilia tsi li, die Gebräuche im Alterthume beim Opfer Ilia.

B. 101. Ku Ti tsi li, die Gebräuche im Alterthume beim Opfer Ti, dann aber auch von beiden unter der Dynastie Han bis Thang (202 v. Chr. bis 906 n. Chr.), und

B. 102 unter der Dynastie Sung seit 960.

B. 103. Kung tschin phei-hiang von den Opfern, die gemeinschaftlich (phei-hiang) verdienten Beamten dargebracht worden. F. 12. See sien tai ti wang; hien tschin sien-ling-mu-fu von den Opfern, die den Kaisern und Königen der früheren Familien und Weisen und Beamten von ihren Unterthanen auf ihren Grabhügeln dargebracht wurden.

B. 104. Tschu-heu Tsung-miao von den Ahnentempeln der Vasallenfürsten; F. 10 spricht er schon von den spätern Han.

B. 105. Ta-fu, sse, schu tsung-mino von den Ahnentempeln der Ta-fu (Grossbeamten), der Sse und des Volkes. Schi hiang li, die Gebräuche bei Darbringung in den (vier) Jahreszeiten.

S. 14. B. 106—127. Wang-li-kao, Untersuchung der kaiserlichen Gebräuche und zwar:

B. 106—108. Tschao-i, die Gebräuche am Hofe, nämlich:

B. 106 von der Dynastie Tscheu bis zur Dynastie Thang.

B. 107 von der Dynastie Thang (Periode) Kai-yuen (713) bis Sung Yng-tsung (1067).

B. 108 von Schin-tsung (1068) bis Hiao-tsung (1194).

B. 109. Siün-scheu von den Visitationsreisen (der Kaiser); F. 6 ist er schon bei Thsin Schi-hoang-ti.

B. 110.   Tien-la, von den Feldjagden,[33]) beginnt mit Thang der 2. Dynastie;   F. 11 ist er schon bei Han Wu-ti.

B. 111—113.   Kiün tschin kuan mien fu tschang von der Fürsten und der Beamten Mütze (Hut) und dazu gehöriger Tracht und zwar:

B. 111 vom höchsten Alterthume bis (Ende der) Dynastie Tscheu.

B. 112 von der 'Dynastie Thsin (255 v. Chr.) bis zu (Ende) der Dynastie Thang (960).

B. 113 unter der Dynastie Sung seit 960.

B. 114.   Heu-fei, ming-fu i-hia scheu-schi-fu tschang tschi tu von dem Kopfputze und der Tracht der Kaiserin, der Nebenfrauen und der titulirten Frauen bis abwärts.

B. 115.   Kuei pi, fu-tsie, si-tsie von den Tafeln, Passzeichen, Siegeln (Si-tsie) u. s. w., welche die Vasallenfürsten und Grossen führten.

B. 116—118.   Tsching-iü, kiü-khi, lu-pu, von den verschiedenen Wagen und dem Gefolge bei einem kaiserlichen Aufzuge und zwar

B. 116 vom höchsten Alterthume[33*]) bis zur D. Suy (617).

B. 117 von der Dynastie Thang (618) bis zu den Sung.

B. 118 unter der Dynastie Sung.

B. 119.   Heu, fei, ming-fu i-hia kiü-lien lu-pu.   Lien ist ein Wagen, der durch Menschen gezogen wurde; Lu-pu wieder der Wagenzug bei einem öffentlichen Aufzuge. Es ist also von diesen die Rede bei der Kaiserin, den Nebenfrauen, den betitelten Frauen und abwärts. F. 14 v. von den Wagen des Erbprinzen, der andern Prinzen, der Kung

---

33) Ueber die Jagden s. m. Abh. Beschäftigung der alten Chinesen S. 162 fg., über die Tracht m. Abh. Nahrung, Kleidung u s. w. S. 237 fg.

33*) Er beginnt mit Hoang-ti, aber detaillirte Nachrichten gibt es erst über die Dynastie Tscheu im Tscheu-li; F. 11 ist er schon bei der Dynastie Thsin.

(Grafen), Khing (Minister) und abwärts. F. 14 v. Hoang-thai-tseu, Hoang-tseu, Kung, Khing i-hia kiü-lien, lu-pa.

D. 120—122. Kue sio, des Reiches Trauer. Der Titel ist undeutlich; es handelt sich um die Trauerceremonien beim Tode des Kaisers, zunächst der Schün's nach Scbu-king II, 1, 13 und dann der späteren, und von einzelnen Ceremonien dabei und zwar

D. 120 von Yen-Yü (d. i. Schün) bis zu (Ende) der Dynastie Tscheu.

B. 121 von Han Kao-tsu (202) bis zu den Heu-Tschen.

B. 122 von Heu-Thang (923) bis zu den Sung.

B. 123—127. Die Ueberschrift Schan ling, Berge und Hügel oder Begräbnisshügel, ist wieder undeutlich; es werden die angeblichen Begräbnissplätze der alten Kaiser von Thai-hao, der Niü-wa, Yen-ti's (des Feuerkaiser's), Hoang-ti's u. s. w. angegeben, darauf die von Yao, Schün, Yü, Tsching-thang, Tai-wu, Wu-ting, Tscheu Wen-, Wu- und Tsching-wang bis Wei-Lie-wang, dann die Begräbnissgebräuche (Tsang-li) im Allgemeinen und Einzelnen F. 2 v. fg. und zwar diese

B. 123 vom höchsten Alterthume (Schang-ku) bis zur Dynastie Tscheu inclusive.

B. 124 von der Dynastie Thsin (221 v. Chr.) bis zu den Ost-Han (seit 25 n. Chr.).

D. 125 von der Dynastie Wei bis zu den 5 (späteren) Familien (U-tai) 960.

B. 126 und 127 unter der Dynastie Sung seit 960.

S. 15. B. 128—148. Yo-kao, Untersuchung über die Musik und zwar

B. 128—130. Li-tai yo tschi. Die Ordnung der Musik durch die successiven Generationen (li-tai).

B. 128 vom höchsten Alterthume[34]) bis zur Dynastie Wei (227 n. Chr.).

---

34) Er gibt die Namen der Musiker von Fo-hi, Schin-nung, Schao-

5*

B. 129 von der Dynastie Tsin (265 n. Chr.) bis zu den 5 Familien (U-tai 960).

B. 130 unter der Dynastie Sung, seit 960.

B. 131. Li-tai Tschi-tsao lio-liü, die Folge der Erfindung der Musiknoten (Lio-liü). Hoang-ti soll sie veranlasst haben. Dann citirt er noch den Tscheu-li Ta-sse yo C. 22 f. 7 und kommt F. 1 v. gleich zu Han Wen-ti.

B. 132. Lio liü tschi thu, die Abmessung derselben. Die Stelle über Hoang-ti wird wiederholt; F. 3 ist eine Uebersichtstafel der Noten.

B. 133. Tu, leang, heng, vom Maass und Gewichte. Nach Li-ki C. 5 Wang-tschi beginnt er mit der Erklärung der Längenmaasse der Tscheu und gibt dann die Stelle aus dem Tscheu-li B. 41 f. 25, wie der Li-schi die Faßsmaasse verfertigt. F. 2 spricht er von den alten Maassen im Reiche Thsi. F. 6 gibt er eine Stelle aus dem Sse-ki, wie Kaiser Yü von der Dynastie Hia die Maasse bestimmte; F. 7 spricht er schon von der Dynastie Han.

B. 134—139 handelt dann von den einzelnen musikalischen Instrumenten, die er nach den Stoffen, deren man sich dazu bediente, abtheilt, und in jedem Buche macht er 3 Abtheilungen 1tens Ya-pu die correcte Classe (die der Chinesen), 2tens Hu-pu, die der Barbaren oder Fremden, und 3tens Su- oder So-pu, die gemeine oder die des Volkes. Jedes Buch beginnt er mit einer allgemeinen Abhandlung über das gebrauchte Material nach Tschin-schi's Buch über die Musik (Yo-schu).

B. 134. Kin-tschi-scho spricht von den musikalischen Instrumenten aus Metall. Die Erfindung wird nach dem

---

hao, Tschuen-hio, Ti-ko, und der Musik Yao's (Ta-tschang genannt), der Schün's (Ta-tschao), Yü's (Ta-hia), Tsching-thang's (Ta-hu), Wu-wang's, Tschen-kung's (Tscho); s. m. Abh. China vor 4000 Jahren (S. 116 fg.) und über die musikalische Industrie, m. Abh. über die Industrie. F. 18 kommt er zu den Han.

Buche Schi-pen und Liü-schi's Tschhün-thsieu von Hoang-ti
veranlasst. Aus dem Khao-khung-ki im Tscheu-li B. 41 f. 3
wird dann die Verfertigung der Glocken im Allgemeinen be-
schrieben. Die verschiedenen Arten von Glocken bilden das
vornehmste musikalische Instrument aus Metall. Mo-to ist
die Glocke mit hölzernem Schlägel.

B. 135. Schi-tschi-tscho enthält musikalische Instrumente
aus Stein, gemeinen Steinen (Schi) oder dem Yü oder chinesischen Jaspis. Das hauptmusikalische Instrument ist hier
der Khing, ein musikalischer Stein, der aufgehängt wurde,
deren es verschiedene Arten und Verbindungen gab. Das
Volk hatte auch steinerne Trommeln, ausser Glocken, Hörnern und Flöten. F. 14. Tu-tschi-scho kommen dann die
irdenen musikalischen Instrumente; dahin gehören die irdenen Trommeln, Tu-ku, u. s.

B. 136. Ke-tschi-scho begreift die musikalischen Instrumente aus Leder oder Fellen. Das erste heisst Fu, die
andern sind verschiedene Arten von Trommeln, aufgehängte,
Donner- (Lui-), Geister- (Ling-) Trommeln und wie sie weiter
heissen.

B. 137. Sse-tschi-scho, Instrumente mit seidenen Saiten
(Hiuen), begreift die Saiteninstrumente. Da erscheint vor
allen die grosse, mittlere und kleine Harfe Khin, von 25,
20 und 7 Saiten, dann die grosse, mittlere und kleinere
Laute Se, mit 50, 25 und weniger Saiten, der Khung-heu,
eine Laute mit 25 Saiten, die im Busen getragen wurde,
die grosse und kleine Pi-pa, F. 20 ein Saiteninstrument, das
zu Pferde gespielt wurde, u. s. w.

B. 138. Pao-tschi-scho, von den musikalischen Instrumenten aus Kürbissen; dahin gehört namentlich der Seng,
wo 13 Pfeifen in einen solchen Kürbiss gesteckt wurden und
der Yü, wo es 36 waren. Diese werden wohl unpassend
Orgeln übersetzt. F. 9. Tscho-tschi-scho handelt von den
musikalischen Instrumenten aus Bambu. Hieher gehören die

verschiodonen Arten Flöten und Blasinstrumente; so der
Yen-siao, eine Art Pan-Pfeife mit 12 bis 14 Pfeifen verschiedener Länge, Yo eine kleine Flöte mit 3 Löchern, verschiedene Arten von Pfeifen Kuan, F. 16 die grosse und kleine
Tsche, eine Flöte mit 7 Löchern, die seitwärts geblasen
wurde, und andere. Blasinstrumente aus Metall, wie die Trom-
peten, scheinen die Chinesen nicht gehabt zu haben. Morrison Nr. 11,386 hat Hao-tung für Trompete, aber dem
Charakter nach war der Tung wenigstens ursprünglich ein
(hohles) Bamburohr.

B. 139. Mo-tschi-scho, musikalische Instrumente aus
Holz, begreift mehr Instrumente, den Takt zu regeln, wie
der Tscho-yü, ein hohles Holz, welches dazu diente, Thsin,
ein Stock, der gebraucht wurde, dass die Musik anhielt
u. dergl.

D. 140. Yo-liuen von der Art, wie die musikalischen
Instrumente aufgehängt oder aufgestellt und auch zusammen
angewandt wurden; F. 1 gibt eine Tafel, wie in der oberen,
F. 1 v. wie in der unteren Halle; u. s. w. F. 11 v. spricht
er schon von den Han.

B. 141—143. Yo-ko ist von dem Gesange bei der Musik,
oder von melodischen Gesängen die Rede, und zwar:

B. 141 von Yeu-Yü (Schün)[85]) bis zu den 3 Reichen
(San-kue 265 n. Chr.).

D. 142 von der Dynastie Tsin bis zu Ende der Dynastie Thang (265—906).

B. 143 von den späteren 5 Familien (U-tai 906) bis zu
den Sung.

---

85) Er beginnt mit Schu-king II, 1, 24, wie Schün den Kuei zum
Intendanten der Musik ernennt und ihn anweist, die Jugend im
Gesange zu unterrichten; F. 2 wie Schün ein Khin mit 5 Saiten
verfertigt, um dazu den Gesang Nan-fung zu singen; dann folgen
Stellen aus dem Tschou-li Ta-sse-yo (22 f. 1 fg.), Ku-mung (23 f. 27),
Yo-schi-sse (23) u. s. w. F. 11 kommt er schon auf Han Kao-tsu.

B. 144 und 145. Yo-wu von den pantomimischen Tänzen bei der Musik.

D. 144 vom höchsten Alterthume bis zu den Ost-Han
(220 n. Chr.).

B. 145. Zur Zeit der 3 Reiche (San-kue, 221 n. Chr.)
bis zu den Sung.

B. 144 handelt von den einzelnen, alten religiösen und
mimischen Tänzen Yün-men, Ta-hiuen, Ta-bien, Ta-tschao,
Ta-hia, Ta-ho, Ta-wu, Siang, Tscho, dann von dem Feder-,
Sternen-, Fahnen-, Schilder-, Menschen- bis zum Kleider-
Tanze.[90])

B. 146. So-pu-yo von der gemeinen oder vulgären Art
von Musik. Sie kam erst seit den beiden Han auf und
dauerte bis zu seiner Zeit. Niü-yo, die Frauenmusik, bildet
keinen besonderen Abschnitt.

B. 147. San-yo Pe-hi, von der [unregelmässigen (zer-
streuten Musik und den 100 (Schau-) Spielen (Hi). Sie entstanden auch erst später unter den Thsin und Han; es kommen
darunter Verkleidungen, Seiltänzer u. s. w. vor; nach F. 1 v.
kamen sie unter den spätern Han aus dem Westen zu den
Chinesen, nach F. 5 v. von der Westgrenze unter den Thang.
F. 11. Ku-tschhuy von der Heeres- oder Triumph-Musik
(Kai-yo), wenn der Feldherr gesiegt hatte; die Ueberschrift
rührt wohl daher, dass man eine Trommel (Ku) und eine
kleine Flöte (Siao) dabei brauchte. Sie wird angeblich
schon auf Hoang-ti zurückgeführt.

B. 148 endlich J-pu yo handelt von der Musik bei den
Barbaren, d. h. nicht nur den nächsten Nachbarn der Chi-
nesen, sondern aller fremden Völker, mit welchen sie im
Laufe der Zeit bekannt wurden. Die Musik jener verwand-

---

90) Sie haben den Namen von der Sache, die man in Händen
hielt. S. m. Abh. über den Cultus der alten Chinesen, s. d. Abd. d.
Ak. 1862, IX, 8 S. 908.

ten die Kaiser mit bei den Opfern. Die Stellen des Tscheu-li
darüber Mei-sse (B. 23 f. 48), Mao-jin (B. 23 f. 49), Ti-kiü-
schi (B. 23 f. 54) werden zusammengestellt; und nach einer
Stelle aus dem Pe-hu tung folgen dann die kurzen Notizen
über die Musik der fremden Völker nach den bekannten
4 Abtheilungen der Chinesen: 1tens F. 3 Tung-J, die der
Ost-Barbaren, darunter die San- (3) Han in Corea, im Reiche
Wei oder Ji-pen, d. i. Japan; 2tens die der Si-Jung, d. i. der
West-Barbaren, dazu gehören die Kao-tschhang (Uiguren, nörd-
lich von Scha-tscheu im 6. Jahrhunderte n. Chr.), die Kuci-
tseu, Su-li (d. i. Kaschgar), Thien-tschü (Indien), Ta-wan
(die grosse Bucharei), Yü-thien (d. i. Khotan) und Fu-lin;
3tens F. 9 v. die der Nan-man oder Süd-Barbaren in Fu-nan,
Lin-y (d. i. Siam), Tschen-tschhing (Süd-Chochinchina), Nan-
tschao (? in Yün-nan) u. a. nicht so leicht bestimmbare;
4tens F. 14 v. die der Pe-ti oder Nord-Barbaren; dazu gehören die Ta Liao und die Sien-pi (Ost-Tataren im 4. Jahrh.
vor bis zum 4. Jahrh. n. Chr.). Diese verschiedenen fremden
Völker werden ohne Berücksichtigung der Zeit ziemlich durch
einander geworfen. Weitere Nachrichten über sie enthält
S. 24 B. 324—346. F. 17. Tschi-yo spricht dann noch von
der Entfernung der Musik (bei Sonnen- und Mondsfinster-
nissen und bei einem Einsturze von Bergen und andern Calamitäten), zunächst nach Tscheu-li Ta-sse-yo B. 22 f. 36.

S. 16. B. 149—161. Ping-tschi vom Kriege und Heerwesen und zwar:

B. 149 von der Dynastie Tscheu[37]) bis zur Dynastie
Thsin (202 v. Chr.).

37) Ueber die 3te Dynastie Tscheu geben die Nachrichten wenig
hinaus. Er beginnt mit Tscheu-li Ta-sse-ma (B. 29) über die Zahl der
Heere der Kaiser und der Vasallenfürsten, gibt dann den Abschnitt
vom Siao-sse-tu (B. 10 f. 8) die Eintheilung der Heere; vergl. Sui-jin
(B. 10 f. 3); F. 4 eine Stelle aus Pan-ku's Geschichte der Han über

D. 150 unter den beiden Han 202 v. Chr. bis 220 n. Chr.

D. 151 zur Zeit der 3 Reiche (San-kue) bis zur Dynastie Thang (221—906).

B. 152 unter den 5 Familien (U-tai) bis Sung Yng-tsung (1068).

B. 153 von Sung Schin-tsung (1068) bis Kin-tsung (1126).

B. 154 von Sung-Kao-tsung (1127) bis Ning-tsung.

D. 155. Kin-wei-ping, von der (kaiserlichen) Garde, die das Volk abzuhalten hatte. Er spricht vom Palastcommandanten (Kung-tschin) nach Tscheu-li (D. 4 f. 1), dann von den Liü-fen-schi, der Garde, die zu beiden Seiten des kaiserlichen Wagens herlief, nach B.31 f.24, dann den Sse-li (D. 37 f. 9), Man-li u. a., zum Theil fremden Strafgefangenen, die dabei verwandt worden. F. 4 v. ist er schon bei der Dynastie Han.

B. 156. Kiün-kue, von den Truppen der Provinzen und Vasallenreiche; wie viele ein grosses und ein kleines Reich unter der Dynastie Tscheu hatte, dann unter den Thsin, Han und den folgenden Dynastien. Khing-ping, von den Truppen der Minister.

B. 157. Kiao-schuo von den Truppenexercitien und Revüen. Die Nachrichten reichen wieder nicht über die Dynastie Tscheu hinaus. Nach Tscheu-li Ta-sse-ma (B. 29 f. 14) lehrt dieser die Manoeuver. F. 3 erwähnt einzelne Revüen der Vasallenfürsten, zuerst unter La Siuen-kung (602 v. Chr.). F. 4 spricht er schon von den Han.

B. 158. Kiü-tschen, von den Streitwagenkämpfen. Wu-wang hatte angeblich schon 300 solcher Streitwagen. F. 1

das Heerwesen unter der Dynastie Yn und Tscheu; F. 6 übersichtliche Tabellen über die Heeresabtheilungen, die die einzelnen Beamten unter sich hatten. F. 6—13 dann über das Heerwesen in Thsi, F. 13—14 v. in Tsin, F. 14 v. — 16 v. in La, F. 16 v. — 21 in Tshu, F. 21 v. — 22 in Thsin und F. 29 spricht er von Thsin Schi-hoang-ti. Wir werden in u Abb. das **Kriegswesen** der alten Chinesen die Stellen mittheilen.

gibt eine Stelle aus einem untergeschobenen Werke Lo-(6)
thao**) in 6 Büchern, ein angebliches Gespräch Wu-wang's
mit Thai-kung, das erdichtet ist; dann folgen Stellen aus
dem Tscheu-li, namentlich aus B. 40 f. 15 über die Con-
struction der Kriegswagen und F. 6 v. eine Stelle aus Tsin-
schi's Buch über die Gebräuche (Li-schu). F. 12 ist er schon
bei der Dynastie Han.

F. 18 v. Tscheu-ase vom Schiffsbefehlshaber, Schui-tschen
von den Kämpfen zu Wasser. Die alten Chinesen kannten
keine See- oder Flussgefechte, sie kommen erst vor, als sich
am Kiang die Reiche Tshu, U und Yuei gebildet hatten.
Der älteste Kampf zu Wasser ist ein Angriff von Tshu auf
U unter Lu Siang-kung Ao. 24 (548 v. Chr.). F. 20 spricht
schon von den Han.

B. 159 und 160. Ma-tsching, von der Leitung der Cavallerie und zwar

B. 159 von der Dynastie Tscheu bis zu den U-tai (5 Familien).

B. 160 unter den Sung. Unter den Tscheu werden nur
die Stellen aus dem Tscheu-li C. Kino-jing, dem Vorstande des
Gestütes (B. 32 f. 39), Tso-ma (B. 32 f. 52), Mo-sse (B. 32
f. 54), Jü-sse (B. 32 f. 57), Jü-jin (B. 32 f. 58) und Mu-tschi,
der Pferdeschätzer (B. 30 f. 4), zusammengestellt. F. 5 fg.
erwähnt einzelne bekanntere Wagenlenker, wie Tsao-fu, den
Vorfahren der Thsin. F. 8 spricht schon von den Han.

B. 161. Kiün-ki, von dem Heeresgeräthe. Er spricht
von diesen unter den Tscheu nur nach verschiedenen Stellen
des Tscheu-li Ku-jin, der Trommelmann (B. 12 f. 4 fg.), Sse-
tschang, der Fahnenvorstand (B. 27 f. 24), See-ping, der

88) Der Verfasser will Liü-wang ein Minister von Tscheu sein;
der Styl und viele Ausdrücke zeigen aber, dass es erst aus der Zeit
nach der Dynastie Han ist; s. Wylie Notes on Chines. Literature. Shang-
hae 1867. 4°. p. 72.

Waffenvorstand (B. 32 f. 8), Sae-kung-schi, der Vorstand
über Bogen und Pfeile (B. 32 f. 13), Schen-jin, gute Bogen-
schützen (B. 32 f. 33), dann über die Länge der Lanzen nach dem
Khao-khung-ki (B. 40 f. 15, den Panzermachern Han-schi (B. 41
f. 31), Sche-jin, den Pfeilmachern (B. 42 f. 32), Lu-jin, den
Verfertigern der Pickenschäfte (B. 43 f. 13) und Kung-Jin,
den Bogenmachern (B. 44 f. 16).[39]) F. 16 spricht er vom
Bogen des Kaisers; F. 21 v. kommt er zu Thsin Schi-hoang-
ti. Man sieht, das Technische der Waffenverfertigung nimmt
er beim Militärwesen mit.

S. 17. B. 162 — 173. Hing-kao, Untersuchung über
die Strafen (von einer Civilgesetzgebung ist keine Rede)
und zwar

B. 162—167. Hing-tschi, die Anordnung der Strafen,
nämlich:

B. 162 von Yeu-Yü[40]) bis zu Ende der Dynastie Thsin
(202 v. Chr.).

---

39) Wir haben die Stellen des Tscheu-li und Khao-khung-ki in
u. Abh. über die Industrie der alten Chinesen mitgetheilt, die in
B. 160, was die Pferde betrifft, bei der Viehzucht in den Abh. die
Beschäftigungen der Chinesen 1, s. d. Abh. d. Ak. 1869 B. XII. 1 S. 146 fg.

40) Wir analysiren auch hier B. 162, welches die alte Geschichte
betrifft. Er beginnt mit der Anordnung der Strafen durch Schün
nach Schu-king II, 1, 11; erwähnt dann nach (Tso-schi), dass die Dynastie
Hia die Strafen von Yö- (Yü-bing) verfasste; dann Yö's (Tsching-
thang's) Anordnung. Das folgende sind lauter Stellen aus dem
Tscheu-li Ta-sse-keu (B. 35 f. 1 fg.), Siao-sse-keu (B. 35 f 10), Sse-sse-
schi (B. 35 f. 33), Hiang-sse (B. 36 f. 1), Sui-sse (B. 36 f. 6), Ya-sse (B. 36
f 16), Sse-hing (B 36 f. 30), Sse-tsche (B. 36 f. 84), Tschang-tsieu (B. 37
f. 4), Tschang-lo (B. 37 f. 5), Pu-hien (B 37 f. 14), Kin-scha (B. 37 f. 16),
Kin-pao-schi (B. 37 f. 17), dann aus Li-ki C. 5 Wang-tschi und C. 4
Wen-wang schi-tseu und er erzählt dann noch aus Tscho-schi, wie man
in Tschin und in Tsin die Gesetze in Erz eingrub. Man findet die
Stellen über die Strafgesetzgebung im alten China und die Erklärung
der Namen in m. Abh. Gesetz und Recht im alten China, s. d. Abh.
d. Ak. X, 8 S. 729 fg. F. 26 kommt er auf Schi hoang-ti.

B. 163 von Han Kao-tsu bis Tschang-ti (202 v. Chr. bis 88 n. Chr.).

B. 164 vom Ost-Han Ho-ti (89) bis Tsin Ngan-ti (419).

B. 165 von Sung Wen-ti (424) bis Sui Yang-ti (616).

B. 166 von Thang Kao-tsu (618) bis Sung Tsching-tsung (1022).

B. 167 von Sung Jin-tsung (1023) bis Ning-tsung. Es folgen dann die einzelnen Strafen:

B. 168 kommt er auf Tu-lieu: vom Exil und der Verbannung. Er beginnt mit den Verbannungen Schün's nach Schu-king II, 1, 12. Die Stellen aus dem Tscheu-li Ta-sse-ku (B. 35), Sse-li (B. 36 f. 47), Sse-yuan (B. 37 f. 2), Tschang-lo (B. 37 f. 6) gehen zum Theil auf die Behandlung der zu Strafarbeiten Verurtheilten. Phei-fa, die Strafe das Gesicht mit Punkten zu bezeichnen, die erst aus der Zeit der Thsin stammt, bildet keinen besonderen Abschnitt.

B. 169 und 170. Tsien-Ye, von der Untersuchung und dem gerichtlichen Erkenntnisse (Ping-fan). Die älteste Stelle ist von Schün Schu-king II, 1, 11, dann aus dem C. Liü-hing V, 27, Li-ki Wang-tschi C. 5 und dem Ta-tai Li-ki. F. 9 ist er schon bei Han Kao-ti.

B. 169 geht von Yeu-Yü bis Thang Thai-tsung (649).

B. 170 von Thang Kao-tsung (650) bis Sung Ning-tsung.

B. 171. Schang (die Oberabtheilung) handelt Scho-hing vom Loskaufe von der Strafe. Er citirt Schün im Schu-king II, 1, 11, dann den Tscheu-li Tchi-kin (B. 36 f. 34) und Schu-king C. Liü-hing (V, 27). F. 2 v. ist er schon bei Han Hoei-ti.

Die Unterabtheilung (Hia): Tschi-yeu, Kuen-tio handelt vom Erlass der Strafe und der Amnestie; jene ist schon im Schu-king II, 1, 11, dann im C. Liü-hing (V, 27), Li-ki C. 5 Wang-tschi, im Tscheu-li Sse-thee (B. 36 f. 34), F. 3 ist er schon bei Thsin Eul-schi und zählt dann alle Amnestien F. 3. v. bis 12 in geschichtlicher Folge auf. Diess setzt sich in den folgenden Büchern fort.

B. 171 geht bis zu den Ost-Han (220).

B. 172 von Wei Wen-ti (226) bis (zu Ende der) Dynastie Thang.

B. 173 durch die Zeit der U-tai (5 Familien) und die der Dynastie Sung.

S. 18. B. 174—249. King Tsi-kao, Untersuchung der King und (anderer) Bücher.

B. 174. Li-tai-tsung-siü enthält eine allgemeine Einleitung über das Bücherwesen und die Schicksale der Literatur in China. Er beginnt mit Fu-hi, der die 8 Kua erfand, spricht von der alten Knotenschrift (Kie-schin), den ungeblich alten Büchern San (3)-fen, die von Fu-hi, Schin-nung und Hoang-ti handelten, wie die U (5)-tien[41]) von Schao-hao, Tschuen-hio, Ti-ko, Thang (d. i. Yao) und Yü (d. i. Schün), von den Pu (8)-so und Khieu (9)-khieu. Die folgenden Stellen aus Tscheu-li Tai-sse (B. 26 f. 1), Nei-sse (B. 26 f. 27), Wai-sse (B. 26 f. 31) handeln eigentlich von den verschiedenen Geschichtschreibern;[42]) Jä-sse (B. 26 f. 33), von den kaiserlichen Sekretären. Der Siao Hing-jin (B. 36 f. 30) hatte das Buch der Gebräuche unter sich. F. 4 spricht von Confucius Wirksamkeit für die King und seiner Aeusserung über diese;[43]) F. 7 von dem Bücherbrande unter Thsin Schi-hoang-ti; F. 12 von dem Schicksale der Literatur unter den West-Han und den folgenden Dynastien. Unter der Dynastie Sung blühte die Literatur besonders auf. Wenn nach F. 1 zu Anfange der Dynastie Sung in der Periode Kian-lung Ao. 3 (962) die 3 Bibliotheken (Kuan) nur 12,000 Bände (Kiuen) enthielten,

---

41) S. m. Abh. Ueber die Sammlung chinesischer Werke aus der Dynastie Han und Wei (worin es sich befindet), aus den Sitz.-Ber. d. Ak. 1868 I, 2 S. 5; das jetzige ist aber ein untergeschobenes Werk.

42) S. über diese m. Abh. Verfassung und Verwaltung im alten China a. d. Abh. d. Ak. X, 2 S. 579 fg.

43) S. m. Abh. Leben des Confucius 2, a. d. Abh. d. Ak. 1871.

war die Zahl später in der Periode Tschi-ping si schon
auf 100,000 gestiegen nach F. 41 v.[44])   Seit der Dynastie
Thang datirt auch die Eintheilung der Literatur in die 4
Classen King, Sse, Tseu und Tsi.   Die Uebersetzung dieser
Ausdrücke ist schwierig; man wird sehen, dass der Ausdruck
„klassische Schriften" für die erste Abtheilung King nicht
umfassend genug ist;   Sse, Geschichtschreiber, umfasst auch
mehr, als wir darunter verstehen; Tseu, was Klaproth Phi-
losophen übersetzte, ist das gar nicht; Tsi, literarische Sammlung, lässt sich eher hören;   s. Wylie p. 1 fg.[44])   Bazin im
Journ. As. 1850 Ser. IV T. 15 p. 6 wollte Tseu Sciences et
arts, Tsi belles lettres übersetzen.

B. 175—190   King handeln nun von den s. g. King;
es wird immer erst über jeden im Allgemeinen gesprochen,
dann von den verschiedenen Eintheilungen unter den einzelnen Dynastien und darauf von den Ausgaben und Com-
mentatoren der einzelnen und ihrer Theile, immer nicht nach
eigenem Urtheile, sondern nach Citaten früherer Autoren.
Wir brauchen über die einzelnen King nicht weitläufig
zu sein.

B. 175 und 176.   Y handelt von Y-king.

Dd. 7. B. 177.   Schu vom Schu-king oder einzelnen Ca-
piteln desselben, wie F. 21 v. vom Cap. Hung-fan (V, 4).

---

44) Vergl. Wylie Introd. p. 1 sq.

45) In der Periode Hoang-yeu (1049—1053) befahl der Kaiser
dem berühmten Literaten Wang-yao-tschin einen Katalog aller guten
Werke, die existirten, zu entwerfen, und die Titel derer zu bezeichnen, die sich in der kaiserlichen Bibliothek fänden.   Man fand, dass
schon viele Geschichtswerke und Erklärungen der Classiker fehlten.
In dieser Zeit gab Dr. Tschao eine Literaturgeschichte heraus, und
Tschhin eine Bibliographie mit Erklärung der Titel der Bücher, die
Ma-tuan-lin ausgezogen hat.   Wylie p. 60 erwähnt sie nicht unter
den Katalogen (Mo-lü).

B. 178 und 179. Schi vom Schi-king, oder einzelnen Materien, die darin vorkommen, z. B. B. 179 F. 2 Ku-hiün, alte Lehren, und dasselbe Buch F. 3 erwähnt auch ein Werk über die Pflanzen, Bäume, Vögel, Vierfüsser, Insekten und Fische, die im Schi-king vorkommen. Es findet sich im Han Wei tbsung schu I, 10; s. m. Abh. über diese Sammlung S. 8. B. 180—181. Li handelt vom Li-ki, Ta-tai Li-ki, Tschen-li und Y-li. Es gibt auch Werke über einzelne Capitel B. 181 F. 10 v. erwähnt so eines über das Cap. 6 des Li-ki Ynei-ling. Auch die Ausgaben und Erläuterungen des Tschung-yung und Ta-hio sind hier B. 181 F. 11 v. und 12 v. zu suchen, da sie früher bloss einzelne Capitel des Li-ki bildeten. B. 181 F. 20 hat noch San-li-tu, d. i. Tafeln oder Abbildungen zu den 3 Werken über die Bräuche (Li) mit Erklärungen in 20 Büchern, das die Staatsbibliothek besitzt. B. 182 und 183. Tschhün-thsieu begreift nicht nur die Chronik des Confucius, sondern auch den unpassend ein Commentar dazu genannten Tscho-schu, wie Kung-yang's und Ko-leang's Commentare. Er führt auch chronologische (Jahres-) Tafeln, Nien-piao, dazu an. B. 184. Lün-iü und F. 18 Meng-tseu handelt von diesen beiden letzten Büchern des See-schu. F. 14 v. kommen auch Kung-tseu's (Confucius) Kia-iü (Hausgespräche) in 10 Kiuen[46]) vor. B. 186 handelt vom Hiao-king, dem classischen Buch über die Pietät, das P. Amiot und P. Noel übersetzt haben. F. 8 v. King-kiai, die Eröffnung der King, spricht von Erläuterungen und Commentaren über alle King.

---

46) Wir haben in u. Abb. Ueber die Quellen zu Confucius Leben, namentlich seine Hausgespräche. München 1863. 8°, und im Leben des Confucius II, 1. München 1870, a. d. Abb. d. Ak. XII. 3 S. 10 davon gesprochen.

B. 186.   Yo-king, über Musikbücher, beginnt mit Hoang-
ti; F. 7—13 werden mehrere Werke über die Laute oder
Harfe Khin aufgeführt, F. 20 ein neueres Werk über die
Musik der Thang.

B. 187 und 188.   I-tschu, Erklärung der Gebräuche,
enthält neuere Werke darüber.   Wir führen beispielshalber
an D. 187 F. 3: eine Sammlung über die Gebräuche der
verschiedenen Dynastien; F. 18 v. Sün-schi's Kia-tai li, die
Gebräuche beim häuslichen Opfer und aus B. 188: Sün-schi's
Tsi-hiang li, über die Opfergebräuche.

B. 189 und 190.   Siao-hio bezieht sich nicht auf das
kleine Werk unter diesem Namen, das Noel übersetzt hat,
sondern handelt von mehreren Werken, man kann eigentlich
nicht sagen, für den Elementarunterricht; es sind besonders
Wörterbücher, F. 5—8 v., das älteste in Sachordnung, der
Eul-ya, F. 10 v. eine Art alter chinesischen Dialektologie
(Fang-yen) 47, F. 12 ein etymologisches Werk über die Ton-
sprache (Schi-ming)[47]) und die bekanntere Erklärung der
chinesischen Schriftsprache, der Schuc-wen von Hiü-schin,
F. 21 handelt von den Wörterbüchern Yü-pien, Kuang-
yün und Tsi-yün, die in Khang-hi's Tseu-tien öfters citirt
werden; s. Wylie p. 7 fg.   F. 15. Schi-ku-wen-kao, Untersuchung der Charaktere auf Stein und alten Trommeln u. s. w.;
s. Wylie p. 8 fg.

Alle diese Werke werden zu der Klasse der King gerechnet.   Der Begriff dieser Klasse geht also viel weiter,
als man gewöhnlich annimmt; sie begreift auch, was zu
deren Erläuterung dient.

B. 191—202.   Die 2te Classe Ssu begreift zunächst, was
man die Geschichtschreiber nennt und zwar

B. 191.   Tsung-lün Tschin-sso, die regelrechte (Bazin

---

47) Diese beiden finden sich in der Sammlung Han Wei thsung
schu I, 19 und 20; s. u. Abh. a. d. Sitz.-Ber. d. Akad. S. 261 fg.

sagt officielle) Geschichte — der Name der Abtheilung datirt aus der Dynastie Sui — und zwar handelt:

B. 191. F. 7 v. vom See-ki, F. 14 dem Tsien Han-schu, der Geschichte der früheren Han von Pan-ku; F. 17 v. dem Heu Han-schu, der Geschichte der späteren Han; F. 19 v. von der Geschichte der 3 Reiche, San-kue-tschi.

B. 192 vom Tsin-schu, F. 2 Sung-schu, F. 4 Liang-schu, F. 4 v. Tschin-schu, F. 6 v. Heu Wei-schu, F. 8 v. Pe Thai-schu, F. 8 Tscheu-schu, F. 10 v. Nan-sse, (Kieu) Thang-schu, Sin Thang-schu, Liang-tschao-kue-sse u. s. w.

B. 193. Pien-nien, die Jahresreihe, Annalen in chronologischer Ordnung, beginnen mit dem Han-ki u. s. w.

B. 194. Ki-kiü-tschü, wörtlich vom Aufstehen und Verweilen, handelt von einzelnen bedeutenden, unternehmenden Kaisern, zunächst von Mu-Wang[48]) Mu-Thien-tseu tschuen, dann von Thang Kao-tsu, Thai-tsung und Kao-tsung u. A.

B. 195 und 196. Tsa-sse handelt von vermischten Geschichtswerken; wir nennen beispielshalber aus B. 195 f. 6 v. Sung San-tschao tschi die Geschichte der 3 Höfe der Sung; ebenso Sung leang- und -sse-tschao tschi, die Geschichte der 2 und 4 Höfe der Sung. F. 10 v. U Yuei tschhün-thsieu, die Chronik der Reiche U und Yuei. Diese findet sich auch in der oben erwähnten Sammlung, s. u. Abh. S. 286 fg. F. 11 Si-khing tsa-ki, vermischte Geschichte von der West-Residenz der Dynastie Han (s. Wylie p. 151): F. 14 v. U-tai sin-schue, neuere Erzählungen von den 5 Familien, und F. 18 Ta Thang sin-iü, neuere Gespräche über die grosse Dynastie Thang (s. Wylie p. 152).

---

48) Mu-thien-tseu tschuen ist das erdichtete Werk. Es findet sich in der Sammlung Han-Wei thsung schu, s. u. Abh. a. d. S.-B. 1868 I, 2 p. 264. Es soll 281 v. Chr. im Grabe eines Fürsten von Wei gefunden sein. Auch die Geschichte der Thang stellt es unter die Geschichte (Sse), der Katalog unter Siao-schue, s. Wylie p. 153.

B. 196 F. 2. Yen-nan ki, Geschichte vom südlichen Yen; F. 6 Nan pu sin schu, neues Buch über die Südabtheilung; F. 7 Eul-mo-schu, das Buch vom Gehörten und Gesehenen u. s. w.

B. 197—199. Tschuen-ki; Bazin und Wylie geben es Biographien; es enthält auch wieder vermischte Geschichten. Als Beispiele citiren wir: B. 197 F. 12. Han-sse, Geschichte der Han.

B. 198 F. 1. Hoang-ti Nei-tschuen, F. 2 Ku lie niü-tschuen, Biographien von alten (berühmten) Frauen, von Lieu hiang aus dem 1. Jahrhunderte v. Chr. (s. Wylie p. 28).

B. 199 F. 6. Kung-tseu pien-nien, chronologische Jahresübersicht von Confucius (Leben von Hu-tseu, aus der Dynastie Sung, Wylie ibid.); F. 9 v. Ngan-nan Piao-tschuen, die Manieren oder äusseren Formen Ngan-nan's; F. 13 Pa-tschao ming tschin yen hing, d. i. Reden und Thaten berühmter Männer der 8 Höfe; F. 16 v. Sung und Ta Sung, Teng-kho-ki, Geschichte der in Sung Beförderten.

B. 200. Wei-sse, falsche Geschichten.[49] Unter diesen finden wir Hon yang kue tschi die Geschichte des Reiches Hoa-yang — die Bibliothek besitzt es in der oft erwähnten Sammlung, s. u. Abh. S. 288; — eine Chronik (Tschhün-thsieu) der 9 Provinzen (Kieu-tscheu); die Berichte über Kiang-nan (lo), das Buch (Schu) über die Süd- (Nan) Thang; F. 4 Min-wang li-tschuen, die Reihenfolge der Könige von Min oder Fu-kien; F. 8—11 Schriften über die Khitan, (Liao), Hiung-nu, Pe-Liao, über die Westgrenzen (Si-i-tschi), über Kao-li (Corea) u. Nan-tschao, (Yün-nan). Die Abtheilung Pe- oder Pa-sse F. 14 fg. begreift Werke, wie F. 14 Lieu-schi's Sse-tung; F. 15 Tung-kian Schi-wen, Erklärung der Charaktere; F. 17 v. Sse-ki yü-i, die Bedeutung der Laute des Sse-ki; F. 18 Sse-ki tsching-i,

---

49) Soll diess etwa Uai-sse Äussere Geschichte heissen?

die wahre Bedeutung des Sae-ki; F. 19 v. Han-schu Wen ta,
Fragen und Antworten aus dem Geschichtsbuche der Han.
    B. 201. Ku-sse, alte Affairen etwa, enthält z. B. F. 9
eine Abhandlung über Kleider und Geräthe (I-kuan tsching-
sse); F. 10 über des Reiches Siegel Kue-si tschuen, dann
aber auch Collectaneen über einzelne Dynastien, wie' F. 11 v.
die Thang- und F. 12 U-tai (über´ die 5 Familien) - Hoei-yao,
auch über einzelne Kaiser, wie Jin-tsung und F. 23 Hiao-
tsung's Sching-tsching, heilige oder weise Regierung.
    B. 202 und 203. Tschi-kuan, Geschichte der Beamten
und Verwaltung, so B. 202 Han kuan i, über die Bedeutung
der Aemter unter den Han; F. 4 v. Nan-kung ku sse, alte
Affairen des südlichen Palastes; F. 9 Pe-kuan, kung, khing piao,
Umriss der 100 Beamten, der Kung und Khing.
    B. 203 setzt diese erst fort; F. 4—9 v. aber handelt
Fa-ling von Werken über Gesetze und Erlasse.
    B. 204—206. Ti-li begreift die Geographie, Topographie
und Reisebeschreibungen allgemein, dann die einzelner Provinzen und Districte, auch fremder Länder. Man findet da
B. 204 F. 1 die phantastische oder mythologische Beschrei-
bung von Bergen und Meeren: Schan-hai-king (s. Wylie p. 35);
F. 2 das Buch über die Gewässer: Schui-king;[50]) F. 3 Tschi-
tao tschi die Geschichte und Beschreibung der 10 Wege oder
Provinzen; . F. 8 eine Geschichte und Beschreibung von
Tschang-ngan (tschi), s. Wylie p. 45; F. 8 v. eine ähnliche
von Ho-nan; F. 9 v. Lo-yang ming yuen ki: Geschichte der
berühmten Gärten von Lo-yang; F. 10 Tung-king ki, wohl
eine Geschichte und Beschreibung der Ost-Residenz. B. 205
Fu-tschhuen tschi, Geschichte und Beschreibung von Fu-
tschhuen dessgleichen von Nan-ngan, F. 12 von Nan-(Süd) Yuei
und F. 13 von Kuei-lin, (der Hauptstaat von Kuang-si).

---

    50) Eine solche ist in der erwähnten Sammlung IV, 20; s. m.
Abh. p. 822 und Wylie p. 49.

B. 206. U-yo tschu-schan ki, gibt eine Geschichte der
5 heiligen u. a. Berge; andere Werke geben eine Geschichte und
Beschreibung einzelner Berge; so F. 1 v. die vom Hoa-schan
und eine vom Tsing-tsching-schan, eines von den Meeren
und Seen. F. 6 sind Werke über Nan-tschao (lo), die Khitan,
die 4 Höfe der Liao (Sse-king-ki); F. 7 v. über Kao-li (d. i.
Corea) tu-king. F. 8—13. Schi-ling, Regeln für die (4 Jahres-)
Zeiten. Bazin's Uebersetzung durch Metereologie ist wohl
nicht ganz zutreffend — Wylie p. 34 gibt es Chronographie!
Es beginnt mit dem Hia Siao-tsching-tschuen, dem kleinen
Kalender der (ersten Dynastie) Hia, einem Ackerkalender, den
Biot[51]) und wir in u. Abh. die Beschäftigung der alten Chinesen übersetzt haben. Andere Werke sind: F. 9 v. Thsin
tschung suy schi ki; F. 13 Suy schi-tsa-ki, vermischte Ge-
schichten von den Jahreszeiten.

B. 207. Pha-thai, das ist genealogische Tafeln oder
Uebersichten der Familien. Unter diesen finden wir F. 3 v.
Sing-yuan einen Familien-Park, Sing-kiai Eröffnung oder Erklärung der Familien-Namen, Thsien-sing pien die Reihe der
1000 Familien u. s. w. Mo-lo, nach Bazin Bibliographie und
Inschriften, giebt Wylie p. 60 Kataloge; es begreift aber
auch die Inschriften.

B. 208—229 begreift die 3te Abtheilung der chinesischen
Literatur Tseu, die man unpassend, wie schon bemerkt, durch
Philosophie übersetzt hat. Die folgende specielle Angabe
gibt einen richtigeren Begriff. Wissenschaften und Künste,
wie Bazin es gibt, ist auch nicht ganz entsprechend; nach

51) Nouv. Journ. Asiat. 1846. S. 8 T. 10 p. 651 fg. und Abh. d.
Akad. 1869. KII, 1 S. 141 fg. Der chinesische Text findet sich in der
Staatsbibliothek im Ta-thai Li-ki in der oft erwähnten Sammlung I, 11,
s. m. Abh. über diese S. 8 fg.

Wylie p. 65 begreift sie Philosophie, Religion, Künste und Wissenschaften.

B. 208—210. Jü-kin begreift die Familie oder Classe (Kia) der Werke der Literaten (Jü). Wir finden darunter B. 208 F. 7 Tschung-tseu, F. 8 Yang-tseu Fa-yen,[52]) F. 9 v. den Tai-hiuen-king B. 209 F. 1 den Sin-siü,[52]) F. 1 v. den Schue-yuen,[53]) F. 6 v. den Tschung-lün,[52]) F. 7 v. den Kung-tschung-tseu, F. 9 v. die Kia-hiün,[53]) F. 10 den Wen-tschung-tseu,[53]) F. 19 v. Ku kin kia-kiai, alte und jetzige Hausverbote; B. 210 F. 15 v. Sien sching ta hiün, die grossen Lehren früherer Heiligen oder Weisen.

B. 211. Tao-kia enthält Werke der Tao-sse, namentlich F. 4 Lao-tseu's Tao-te-king und mehrere Werke seiner Ausleger, dann die zu dieser Secte gerechneten, wie Lie-tseu's Schi-wen (Wylie p. 174) F. 18 Tschuang-tseu's Yn-i. F. 21 u. a.

B. 212 enthält zunächst Fa-kia, Werke aus der Classe der Schriftsteller, die über Gesetz und Rechtswissenschaft handeln. F. 5 v. Schang-tseu, F. 7 Schin-tseu, F. 8 Han-tseu u. s. w. (s. Wylie p. 74 fg.), F. 9 Ming-kia, F. 15 Me-kia (eine besondere ältere Secte), darunter F. 16 Mu-tseu, F. 21 Tsung-hung-kia.

B. 213 und 214. Tsa-kia, die Classe der vermischten Schriften, scheint sehr Verschiedenes zu begreifen. Wir finden darunter in B. 213 F. 4 v. Liü-schi's Tschhün-thsieu, F. 5 Hoai-nan-tseu;[56]) F. 12 v. den Fung-so-tung-i,[53]) in B. 214 den Lün-heng,[53]) F. 3 fg. Tsching-hiün und Pao-po-tseu's Wai-pien, den Siün-tseu u. A.

B. 215—217 mit der Ueberschrift Siao-schue, kleines Geschwätz, enthält auch sehr verschiedene Sachen, Wylie

---

52) Diese Werke finden sich in der Sammlung Han Wei tshung schu III. 3. 4. 5. 12. 1. 17; s. über diese a. Abh. 1. a. S. 298—311.

53) In der oben erwähnten Sammlung III, 6. 14. 10; s. a. Abh. S. 299, 306 u. 302.

p. 151 gibt es Essayists Bazin; leichte Literatur, populäre
Darstellung der Geschichte und Erzählungen. B. 215 F. 1 v.
hat Schin - i - king das classische Werk über verschiedene
Geister (Wylie p. 153) und Ming schan ki, Geschichte der
berühmten Berge; F. 9 v. Ho-tuug-ki, Geschichte von Ho-
tung (der Provinz östlich vom Hoang-ho). B. 216 F. 10.
Tung Thsi ki, Geschichte von Ost-Thsi, auch Eul-mo ki, Geschichte von Gehörtem und Gesehenem. B. 217 F. 11 v.
Thang iü lin, Wald von Reden oder Aussprüchen aus
Thang.
    B. 218. Nung-kia begreift die Classe der Schriften über
den Ackerbau (Wylie p. 75 sq.); allgemeine Werke, wie F. 6
den Nung-schu, das Buch über den Ackerbau und F. 4 v.
Nung-ki, ein Werk über die Ackergeräthe; dann auch specielle Werke, wie F. 4 Ho-pu Tafel oder Abhandlung über
das Korn, F. 7 Tscho-pu dessgleichen über den Bambu, und
Siün-pu über die Bambusprossen, die in China gegessen
werden; mehrere Werke über den Thee, wie F. 7 der Tscha-
king; dann über den Li-tschi F. 11 Li-tschi-pu; über den
Baum Thong, (aus dessen Holz man musikalische Instrumente macht): Thung - pu F. 12; über den Zucker Thang-
schuang-ki F. 12; über Blumen Hoa-pu F. 14, im Allgemeinen
und über einzelne, wie über die Mu-tan-Blume: Meu-tan hoa-
pu F. 13; F. 3 v. Ist auch ein Buch über Seidenwürmer:
Tsan-schu.
    B. 219. Thien - wen kia handelt von astronomischen
und mathematischen Werken, vgl. Wylie p. 86.
    B. 220. U-hing-kia, Werke über die 5 Elemente, dabei
F. 8 v. Tschin-wu-kia, Werke über Wahrsagerei und F. 14 v.
—19 v. Hing-fa-kia Werke über Strafen und Gesetze.
    B. 221. Ping-kia handelt von Werken über die Kriegs-
kunst (Wylie p. 72); dahin gehören: F. 6 vor allen der Sse-
ma-fa (ib. p. 79), Sün-tseu und F. 12 U-tseu, die P. Amiot
Mém. c. la Chin. T. 7 übersetzt hat. F. 20 ist Pe tsiang

tschuen eine Geschichte von hundert (berühmten) Feldherrn
(ib. p. 74) und F. 21 Si Han Ping-tschi, die Kriegsordnung
der West-Han.

B. 222 und 223. J-kia handelt von medicinischen
Schriften (Wylie p. 77), darunter F. 5 der J-King u. A.

B. 224 — 225. Sching-sien-kia scheint mythologisch
und handelt von Geistern und Genien.

B. 226 und 227. Fo-kia handelt von buddhistischen
Schriften (Wylie p. 163), Sche-schi (d. i. Scha-kia), dem
Diamanten (Kin-kang) King und dem Hoa-yen-king, die in
Berlin und in der Staatsbibliothek sind, vgl. de Guignes Mém.
de l'Acad. des Inscr. T. 40.

B. 228 enthält Lui-schu Collectaneen-Bücher, wie Bazin
sagt, Encyclopädien nach Wylie p. 145. Es sind darunter auch
Ku-king-ki, ein Spiegel des Alterthumes, F. 5. F. 12. Col-
lectaneen-Spiegel der Pietät und Bruderliebe (Hiao ti lui lien)
u. dergl.

B. 229 endlich Tsai-i-schu, Schriften über Gewerbe und
schöne Künste, so F. 2 ein Werk über Malerei und F. 3
Kritik oder Abschätzung der berühmten Maler am Hofe der
Sung (Sung tschao ming hoa-ping), dann F. 5 über die
Schützenkunst (Sche), F. 7 Me-yuan, Dintenpark, wohl über
die Bereitung der Tusche; F. 8 v. ein Werk Iliang-pu über
Wohlgerüche; F. 9 Suen-king über die Rechentafel oder das
Rechnen (Arithmetik).

B. 230—249 Tsi begreift die 4te und letzte Abtheilung der Literatur, die litterärischen Sammlungen, auch die
schöne Literatur und Gedichte verschiedener Gattungen.
(Wylie p. 181 sagt Belles-lettres, auch politische Literatur,
Poesien und analytische Werke.)

B. 230 zu Anfange bemerkt, dass der Name Tsi unter
den Han noch nicht vorkomme, unter der Dynastie Tsin kam
eine 4te Abtheilung als Ting-pu zuerst auf; der Name Tsi
datire von der Dynastie Liaug.

B. 231 spricht von den Sammlungen vor der Dynastie Thang (Thang-i-tsien),

B. 231 und 232 dann von den aus der Dynastie Thang,

B. 233 unter den 5 Familien bis zu den Sung,

B. 234—241 unter der Dynastie Sung.

Wir wollen beispielshalber ein Paar Werke citiren: B. 231 F. 1 sind Thang Thai-tsung tsi, Sammlungen von Kaiser Thang Thai-tsung. B. 232 F. 14 Han Wen-kung tschi, Geschichte von Han Wen-kung. B. 236 F. 10. Sammlungen (Tsi) von Nan-yang, F. 11 von den West-Han (Si-Han tsi). B. 237 F. 5. Thai-nan tsi; F. 10 Ta-ming tsi, den grossen Berühmtheiten. B. 239 F. 2. Pe-schan siuo tsi, kleine Sammlung vom Berge Pe-schan; F. 11. Siang-schan, Sammlungen vom Berge Siang-schan. B. 241 F. 10. Si-schan tsi, Sammlungen vom West-Berge. Man sieht, welches Gemischt

B. 242—245. Schi-tsi sind Sammlungen von Gedichten, von Personen, wie B. 242 F. 1. Sung Wu-ti tsi, Gedichte von Kaiser Wu-ti der Dynastie Sung; Liaug Yuen-ti tsi, Gedichte vom Kaiser Yuen-ti der Liang, aber auch auf einzelne Berge, wie: B. 245. Yü-schan tsi, Gedichte auf den Yü Berg, F. 17 v. Siue-schan tsi, Gedichte auf den Schneeberg.

B. 246. Ko-tse, kann man vielleicht geben, Gesänge und Sentenzen, F. 2 heisst ein Werk Tschü yü tsi: Perlen- und Jaspissammlung; F. 7 v. Tung-tang tsi, Sentenzen auf die Ost-Halle u. dgl.

B. 247. Tschang-tseu, d. i. glänzende Vorstellungen (an Kaiser).

B. 248 und 249 endlich Tsung-tsi. Allgemeine Sammlungen, s. Wylie p. 192; darunter ist B. 248 F. 5. Ku-wen-yuen, der Park alter Literatur (es sind Gedichte, s. Wylie p. 193); F. 12. Si- und Tung- (d. i. der West- und Ost-) Han, San-kue (d. i. der 3 Reiche) und Thang Wen-lui. Ohne die Werke selber vor sich oder ausführlichere Nach-

richten über sie zu haben, lassen sich viele Titel nicht übersetzen.[54])

S. 19. B. 250—259. Ti-sün-kao, Untersuchungen der
Kaiserenkel, d. i. Genealogie und Chronologie der Kaiser und
ihrer Familie und zwar:

B. 250. Li-lai ti hao li nien, kurze Uebersicht der auf-
einander folgenden Kaiser mit Name und Abstammung, von
Hoang-ti an. Von Han Hiao-wu-ti an (140 v. Chr.), wo
die Jahresnamen (Nien-hao) beginnen, sind F. 6 fg. auch diese
hinzugefügt, bis auf Sung Tu-tsung's Tod[55]) (1275).

B. 251 und 252. Thai-schang-hoang, der Kaiser Vater,
Thai-hoang, Grossvater, Thai-heu und Hoang-thai-heu, der
Kaiser Mutter und Grossmutter. Er beginnt damit, wie Kaiser
Schün nach Meng-tseu seinen Vater ehrte; F. 2 v. wie Han
Kao-tsu seine Mutter zur Thai-schang-hoang erhob u. s. w.;
B. 251 geht von Yen-Yü bis zur Dynastie Suy (617). B. 252
von der Dynastie Thang bis zu den Sung.

B. 253—256. Heu fei, handelt von den Kaiserinnen und
Nebenfrauen. Hoang thai-tseu fei (von den Frauen des Erbprinzen), ki heu-kung (bis zu den hintern (untern) Palast-
frauen). Er beginnt mit Hoang-ti's Frau, erwähnt dann die

---

54) Ausführlichere Nachrichten über die chinesische Literatur gewährt der raisonirende Katalog der Bibliothek Khian-lung
vom Jahre 1782, der grössere Khin-ting, sse-khu tsinen schu tsung mo
in 188 Heften in 8° und der Auszug daraus Khin ting sse khu tsiuen
schu-kien, ming mo lo, in 12 Heften in 12°. Den letzteren besitzt
die Staatsbibliothek. Vgl. Basin Journ. Asiat. S. IV T. 15 p. 6. Nach
dem grossen Catalog sind Wylie's Notes on Chinese literature ver-
fasst; s. oben S. 122. Es fehlen hier aber doch viele Werke.

55) Diese u. a. bei Eugène de Méritens Liste alphabetique des
Nien-hao, im N. J. As. 1854 S. V T. 3 p. 510—86, vorher in Klaproth's
Katalog d. Chin. B. in Berlin und W. Fredk. Mayers Chinese chro-
nological Tables im Journ. of the N. China branch of the R. As. Soc.
Shang-hae 1868 6°. New Ser. 4 IV. p. 159—183.

Yao's, Schün's, (Tsching-) Thang's, Tschen Thai-wang's, Wang-
ki's, Wen-wang's und Wu-wang's (aus der Dynastie 3); F. 5 fg.
spricht er dann nach Li-ki C. Kio-li hia C. 2 f. 55 und Hoen-i
C. 44 (31 p. 42), wie viele Frauen der Kaiser und die Vasallenfürsten hatten, und gibt auch die Stellen aus dem
Tscheu-li Nei-tsai (B. 7 f. 3), Kieu-pin (B. 7 f. 25), Schi-fu
(B. 7 f. 28) und Niü-yü (B. 7 f. 30), dann F. 8 v. aus
dem Tschhün-thsieu über einzelne Fürstionen.

B. 253 geht von Hoang-ti bis zur Dynastie Tsin,

B. 254 von Nan-tschao Sung (420) bis zu der Dynastie
Thang (906).

B. 255 schiebt einen Abschnitt ein: Kai-yuan li, Hoang-ti
Na Heu i; er schildert die Gebräuche, wenn ein Kaiser eine
Kaiserin heirathete in der Periode Kai-yuan (713 fg. n. Chr.)
und F. 28 Hoang thai-tseu na fei i, die Gebräuche, wenn der
Erbprinz heirathete.[58])

B. 256 geht von den 5 Familien (907) bis zu der Dynastie Sung.

B. 257. Hoang thai-tseu, von den Erbprinzen, Hoang-tseu
und den andern Söhnen des Kaisers. Er beginnt mit Hoang-
ti's 25 Söhnen, nennt darauf die Söhne seiner Nachfolger,
dann die Yao's, Schün's, Yü's und dreier seiner Nachfolger,
die Tsching-thang's (Dynastie 2) und dessen Nachfolger;
F. 2 v. fg. schildert er nach dem Li-ki Nei-tse C. 12 f. 73
die Ceremonien bei der Geburt eines Reichsfürsten, F. 5
nach demselben den Unterricht der Söhne unter den 3 Familien und F. 8 über Wen-wang's Verhalten als Erbprinz
nach Li-ki Wen-wang schi-tseu C. 8 f. 27; F. 9 nennt dann
die Söhne Wu-wang's und seiner Nachfolger u. s. w.

B. 258. Kung-tschü, von den kaiserlichen Prinzessinnen.

58) Es kommen im Ganzen dieselben Ceremonien dabei vor, die
wir in u. Abh. über die häuslichen Verhältnisse der alten Chinesen
Chinesen, a. d. S.-B. 1862, 2 S. 219 fg. geschildert haben.

Er beginnt mit Schön's 2 Frauen nach Schu-king I, 2; spricht
dann von der Schäng Ti-i's, Tscheu Wu-wang's; F. 3 ist er
schon bei Thsin Eul-schi und denen der folgenden Kaiser;
F. 33 spricht er wieder von ihren Hochzeitsgebräuchen.

B. 259. Hoang-tsho, von der kaiserlichen Verwandtschaft, wiederholt zuerst die Stelle über Hoang-ti's 25 Söhnen,
die 14 Familien gründeten; F. 3 ist er schon bei Tscheu
Wu-wang, wie der seinen 15 Brüdern und 40 Verwandten
seiner Frau nach Li-ki C. Wen-wang schi-tseu C. 8 Herrschaften verlieh (s. m. Abh. über die Verfassung Chinas
S. 49 (499) und schildert dann von F. 7 an die verschiedene
Politik der folgenden Dynastien hinsichtlich ihrer Verwandten.

S. 20. B. 260 — 277. Fung-kien-kao, die Untersuchung über die Verleihung der Lehnfürstenthümer. Wir geben
erst die allgemeine Uebersicht über den Inhalt der einzelnen
Bücher, und dann einige detaillirte Nachrichten über einzelne.

B. 260 gibt das Allgemeine über die Verleihung der
Lehen vom höchsten Alterthume bis zur Dynastie Tscheu
inclusive.

B. 261. Die Namen der Reiche oder Herrschaften (Kue)
vom höchsten Alterthume bis zur Zeit des Tschhün-thsieu
(722 v. Chr.).

B. 262—264. Die Reihe der einzelnen Reiche zur Zeit
des Tschhün-thsieu und der streitenden Reiche (Tschen-kue).

B. 265. Die Tscha Heu-wang von Thsin und Tshu
und die der West-Han (bis 24 n. Chr.) aus verschiedenen
Familien; die Heu-wang der West-Han (202 v. Chr. bis
24 n. Chr.) aus derselben Familie (Tung-sing).

B. 266. Die Königssöhne, die Heu waren unter den
West-Han.

B. 267. Die verdienten Beamten (Tschin), die unter
den West-Han Heu wurden. Uai tschi heu ngan tse heu,
von äussern Familien, die durch Gunst und Gnade Fürsten
wurden.

B. 268.   Ueber die Heu - wang der Ost - Han (25 bis 220).

B. 269.   Die Reihe derselben unter den Ost-Han.

B. 270.   Die Heu-wang der Dynastie Wei und die Reihe ihrer Heu ebenso (221—264),

B. 271 die der Dynastie Tsin (265—419),

B. 272 die der Dynastien Song, Thsi, Liang und Tschin (420—580),

B. 273 die der spätern (Hen) Wei,

B. 274 die der Thsi, Tscheu und Sui,

B. 275 die der Tschu-wang der Dynastie Thang (seit 618),

B. 276 desgleichen von der Dynastie Thang seit der Periode Thien-pao (742 bis 906).

B. 277 der (5) späteren Familien (seit 907) und der Dynastie Sung (seit 960).

Die Verhältnisse der Vasallenfürsten waren unter diesen verschiedenen Dynastien aber so verschieden, dass wir darüber in einiges Detail eingehen müssen.

B. 260 setzt unter Hoang - ti und seinem Vorgänger Schin - nung schon Vasallenfürsten voraus; sie bekriegen den letzteren; die Stelle ist aus dem Sse - ki. Dann spricht er von Schün's Thronbesteigung und Visitationsreise nach Schu-king II. 1, und wie Yü die Vasallenfürsten nach dem Schu-king empfängt, ist gleich bei Kaiser Kung-kia und Kie und dann beim Stifter der 2 ten Dynastie (Tsching-tang), unter dem es 3000 Herrschaften gegeben haben soll. Als der letzte Kaiser der 2 ten Dynastie Yn wieder ein Tyrann ist, stürzt ihn Tscheu Wu-wang, gründet die 5 Ordnungen (Teng) der Vasallenfürsten und vermindert die Zahl der Herrschaften auf 1800. F. 5 v. gibt er die Zahl der Reiche und ihre verschiedene Grösse nach Li-ki C. 5 Wang-tschi (s. m. Abh. über die Verfassung Chinas S. 52 (502); F. 8 Tafeln über die Vertheilung der Ländereien nach Meng-tseu und F. 9 nach dem Tscheu-li B. 9 f. 23, vgl. mit dem Sse-ma-fa und Li-ki C. Ming-tang wei C. 14 f. 45, Schu-king V, 9, 10, Meng-tseu und Tscheu-li (B. 29 f. 11, 23, 33, 52, 88, 24), F. 21 gibt er eine Uebersicht der Abtheilung in Fu nach dem Schu-king C. Yü-kung III, 1 und dem Kue-iü 1. Man findet die Stellen in u. Abh. über die Verfassung und Verwaltnng China's unter den 8 ersten Dynastien (S. 40, 56 (506) bearbeitet.

B. 261 gibt auch noch detaillirte Nachrichten über die Vasallen-fürsten, ihre Unterordnung in alter Zeit unter den Pe (s. m. Abh. S. 54) u. s. w., ihre verschiedenen Bestallungen nach Tschen-li B. 2 f. 29. F. 11 ihre Anfwartungen am Hofe (Tschao-ping)[57]) und der Visitationsreisen der Kaiser bei ihnen (Siün-schau) nach Schu-king V, 20, Tschen-li B. 38 f. 23, 1 und Li - ki C. Wang - tschi C. 5 f. 81.   F. 14 v. gibt er dann eine allgemeine Uebersicht der Vasallenreiche unter den Nachkommen Hoang-ti's, Yao's, Schün's und Yü's und unter den beiden ersten Dynastien; F. 22, die der Tschen aus der Kaiserfamilie, dann die der aus verschiedenen Familien: F. 23 derer, wo die Familie bekannt ist, ihre Würde aber nicht; dann die, von welchem die Würde bekannt ist, aber nicht die Familie, und endlich, wo keines von beiden bekannt ist.

B. 262 ist dann eine specielle genealogische Uebersicht über die einzelnen Reiche zur Zeit des Tschhün-thsieu und der streitenden Reiche in dieser Folge: U, Thai, Lu, Yen, Tsai, Tsao, Tsching, Ki, Wei, Snng, Tsin, Tahu, Ynei, Tsching, Tschao, Wei (anders geschrieben), Han, Thien-Tsi, Tschin, und durch wen jedes derselben vernichtet wurde;[58]) dann F. 10 die abgerissenen Nachrichten über einige kleinere Reiche; diese werden fortgesetzt im B. 263.

B. 264 gibt noch kurze Notizen über die Herrschaften im Kaisergebiete (Wang-ki) unter der Dynastie Tscheu und dann F. 15 über die Westbarbaren (Jung) und F. 22 über die Nordbarbaren (Ti).

B. 265 führt die 12 Classen (Teng) von Würden an unter den Thsin und nennt sie einzeln; sie bestanden seit Hiao-kung (361—337 v. Chr.). Schi-hoang-ti Ao. 26 (221 v. Chr.) vernichtete dann alle Vasallenfürsten, theilte das Reich in 36 Provinzen (Kiün) unter Scheu-thien-kien; aber gleich nach seinem Tode unter seinem Sohne Enl-schi brach der Aufstand aus, es warfen sich mehrere Generäle zu Fürsten auf und als Lieu-pang, der Stifter der Dynastie Han, seine Gegner besiegt und das ganze Reich unterworfen hatte, machte er seine Brüder, Söhne und Enkel wieder zu Fürsten (Wang); das alte

57) H. m. Abh. S. 57. Der Vergleich mit meiner Abhandlung wird zeigen, wie unvollständig Ma-tuan-lin ist.

58) S. m. Abh. über die Verfassung und Verwaltung Chinas unter den 8 ersten Dynastien S. 104 fg.

Feudalwesen erhob nochmals sein Haupt, gelangte aber nie wieder
zu der Festigkeit, die es unter der Dynastie Tschou gehabt hatte.
Wir können hier in ein weiteres Detail nicht eingehen und bemerken
nur, wie die verschiedensten Systeme versucht wurden. Als die
Prinzen sich empörten, gab man nur den nächsten Verwandten des
Kaisers Lehne und deren Grösse wurde vermindert. Unter Han King-ti
und Wu-ti (149—87) blieben ihnen nur der Titel und die Einkünfte;
sie hatten nicht die Verwaltung und den Befehl über die Truppen,
dafür waren kaiserliche Beamte da. Die Dynastie Wei hielt die
kaiserlichen Prinzen sogar gefangen. Da man dem den Sturz der
Familie Sse-ma zuschrieb, so nahm, als die Dynastie Tsin (204
—419) auf den Thron gelangte, diese das entgegengesetzte Princip
wieder an, ihren Verwandten Fürstenthümer mit Militär- und Civil-
gewalt zu verleihen; als die sich aber gegen sie empörten und die
Barbaren herbeiriefen, verfielen die folgenden Dynastien der Nord-
Sung und der Thsi (479—501) wieder auf das entgegengesetzte Princip, die Prinzen nur nominell an der Spitze stehen zu lassen, die Verwaltung aber in die Hände kaiserlicher Beamten zu legen, und beim
Antritte einer neuen Regierung wurden alle Feudalfürsten, die Söhne
des früheren Fürsten, umgebracht und ihre eigenen Söhne an deren
Stelle gesetzt. Da ihre Dynastie so aber auch nur kurz dauerte,
stellte die folgende Dynastie Liang (502—556) ihre Prinzen wieder
mit grosser Gewalt an die Spitze. Die empörten sich aber wieder und
zogen den Untergang der Dynastie nach sich. Nach dem wurde das
System der Vasallenfürsten ganz aufgegeben. Nach der Zeit der
Dynastie Thang (906) hörte auch die Würde Herzog (Li-heu) auf,
erblich zu sein, und seit der Dynastie Sung (960) verlor auch die
der kaiserlichen Prinzen (Thsin-wang) ihre Erblichkeit und Bedeutung. Ma-tuan-lin gibt die Beinamen derer, die diesen Titel führten,
aber die spätern haben, wie man sieht, eigentlich nicht mehr die
Bedeutung der alten Vasallenfürsten. Die Dynastie Tsin (B. 271)
hatte die 6 Ordnungen von Wang, Kung, Heu, Pe, Tseu und Nan;
F. 4 werden die einzelnen Heu-wang aufgeführt, F. 14 die Fürsten
der andern 5 Ordnungen. Die Sung (B. 272) folgten der Anordnung
der Tsin, aber die grossen und kleinen Reiche hatten alle 8 Heere;
die Pe-Thsi hatten nach B. 274 auch die 6 Ordnungen, die Heu-Tschou
nach F. 9 nur 6 u. s. w.

S. 21. B. 278—294. Siang-Wei-kao, Thien-sinng
sind die Himmelslichter und U-wei die 5 Planeten (Wei

ist eigentlich der Eintrag eines Gewebes). Der Abschnitt spricht also über die Astronomie und zwar:

B. 278. Tschung-kung san-yuen über den mittleren Palast und die 3 niedern Wälle (Sternbilder). S. A. Rémusat Mél. As. I p. 215.

B. 279. Eul-schi-pa seu, über die 28 Sternbilder, je sieben in der Ost-, Nord-, West- und Südgegend.

B. 280. Schi-eul tse tu su, über die 12 Haltplätze (der Sterne), ihr Mass und ihre Zahl; F. 6 v. Thien-Han ki-mo, über den Auf- und Untergang des himmlischen Hanflusses, d. i. der Milchstrasse. F. 7 v. Tsi-yao, von den 7 Lichtern oder Ji, yuei, u-sing, d. i. von Sonne, Mond und den 5 Planeten.

B. 281. Sing tsa pien, von den verschiedenen Veränderungen der Sterne. Man unterscheidet Lieu - sin, wenn welche herabkommen, und Fei fliegen, wenn welche aufsteigen. F. 13 v. Yün-khi, wörtlich die Wolkendünste; F. 23 v. Thien pien, Veränderungen am Himmel, immer mit astrologischen Deutungen.

B. 282 und 283. Ji schi, von der Verspeisung der Sonne, ist eine Aufzählung der Sonnenfinsternisse[59]) und zwar

B. 282 von der Dynastie Tscheu bis zu den Ost-Han (220 n. Chr.); einzelne werden zuerst aus dem Tschhün-thsieu aufgeführt.

B. 283 von der Dynastie Wei bis zu den Sung.

B. 284. Ji pien, Veränderungen an der Sonne, wenn z. B. Wolken wie rothe Vögel sich zeigen. Der erste Fall ist unter Lu Ngai-kung Ao. 6, der nächste unter Han Wu-ti.

B. 285. Yuei schi, von den Mondfinsternisten; Yuei pien von den Veränderungen am Monde.

---

59) S. Wylie Note on the opinions of the Chinese with regard to Eclipses im Journ. of the N. China branch of the R. As. Soc. New. Ser. III p. 71 fg. und Eclipses recorded in Chinese Works ib. N. IV p. 87, solar eclipses u. p. 130—158. Lunar Eclipses.

B. 286. Pei-sui von den Kometen. Der erste wird im Tchhün-thsieu unter Lu Wen-kung erwähnt. Sie haben auch in China eine böse Dedeutung, zeigen Todesfälle von Fürsten oder so etwas an.[60])

B. 287—290. Yuei, u-sing kiao-fao von der Conjunction und der Opposition des Mondes mit den 5 Planeten und zwar

B. 287 von Thsin (Schi-hoang-ti) bis zur Dynastie Wei.

B. 288 und 289 unter der Dynastie Thang bis zu Sung Yng-tsung (1067).

B. 290 von Sung Yng-taung bis zu Sung Ning-tsung, in diesem letzten Buche ist auch noch ein Abschnitt Tsa sing pien, von den Veränderungen verschiedener Sterne.

B. 291 und 292. Lieu-sing, sing-yün, sing-yao, von beweglichen (eigentlich fliessenden) Sternen, von herabfallenden Sternen, von erschütterten Sternen (wohl Sternschnuppen). Es beginnt nach dem Tschhün-thsieu mit Lu Tschuen-kung Ao. 7; Sterne fielen herab wie ein Regen[61]) und zwar

B. 291 von der Dynastie Tscheu bis Sung Tschin-tsung (1022)

B. 292 von Sung Jin-tsung (1023) bis Ning-tsung.

B. 293 hat 2 Abtheilungen, die obere (schang) Sing-hoa-kien, wenn an den Sternen sich Farben zeigen; zuerst unter Han Ngan-ti. Die untere Abtheilung (hia) U-sing tsiü-sche von der Conjunction der 5 Planeten; zuerst als Tscheu Yn angriff.

B. 294 endlich Sui-sing von Glückbringenden Sternen; — der erste Fall ist unter Han Wu-ti — und F. 5 Khe-sing, wörtlich von Gaststernen.

Man sieht aus diesem Wenigen schon, dass die Stern-kunde der Chinesen mehr astrologischer Aberglaube ist.

S. 22. D. 295—314. Voe-i-kao, wörtlich: Untersuchung

---

60) E. Biot in d. Connaissances des temps 1846 hat den Abschnitt übersetzt.

61) A. Rémusat Mél. As. 1. 184—190 fg. übersetzt Ma-tuan-lin's Angaben über den Fall von Meteorsteinen in China.

wunderbarer Dinge, handelt von allerlei Prodigien, Calamitäten, Ueberschwemmungen, Feuersbrünsten, Erdbeben, Aëro-
lithen, Heuschreken-Verwüstungen u. s. w. Sie werden mit
dem Verhalten des Kaisers und der Regierung in Verbindung
gebracht und als Warnungen oder Ermunterungen des Himmels
betrachtet.

B. 295. Thung-sili spricht im Allgemeinen von den
Prodigien. F. 3 v. heisst es z. B., wenn man im Ahnensaale
die Gebete und Opfer unterlässt, dann fällt das Regenwasser
nicht nässend herab. F. 13 spricht speziell von den 5 Ele-
menten (U-bing). Die folgenden Bücher handeln dann von
den einzelnen Phänomenen.

B. 296 und 297. Schui-tsai, von den Wassercalamitäten
oder grossen Ueberschwemmungen; die zuerst erwähnte ist
aus dem Tschhün-thsieu unter Lu Huan-kung (711-693 v. Chr.):
im Herbste war eine grosse Ueberschwemmung in Lu, weil
— der Fürst seinen Bruder getödtet hatte!

B. 296 geht von der Dynastie Tscheu bis Sung Tschin-
tsung (1022).

B. 297 von Sung-Jin-tsung (1023) bis Ning-tsung F. 8 v.
Schui-y wunderbare Wasser, beginnt mit einer Stelle des
Sse-ki unter Lu Siang-kung Ao. 23 (549 v. Chr.) und Tscheu
Khao-wang Ao. 2 (438 v. Chr.). Das Wasser des Hoang-ho
war 3 Tage lang roth bis Lung-men in Tsin. Auch Ver-
wandlung des Wassers in Wein kommt vor!

B. 298. Ho-tsai, von den Feuercalamitäten, zählt alle
grossen Feuersbrünste auf. Er beginnt mit einer aus dem
Tschhün-thsieu unter Huan-kung von Thsi, wo das kaiserliche
Kornmagazin abbrannte. Unter Tschuang-kung Ao. 20 (552
v. Chr.) ist in Thsi eine grosse Feuersbrunst — weil der
Fürst das Vergnügen, schöne Gesichter (han-se) liebt! F. 4. v.
ist er schon bei Han Kao-heu.

F. 30. Ho-i, spricht von wunderbaren Feuern; und

5

F. 31 Tschi-seng, Tschi-tsiang[62]), rothe, böse und gute Omina.

B. 299. Mu-i von wunderbaren Bäumen. Der erste Fall ist, wie unter Kaiser Thai-meu (oder Tschung-tsung) von der 2. Dynastie Yn ein Maulbeerbaum im Palaste wächst, ohne gepflanzt zu sein, was für ein gutes Omen galt[63]); dann nach dem Tschhün-thsieu Hi-kung Ao. 33 (626 v. Chr.), wie im zwölften Monate ein Pflaumenbaum Früchte trägt, und ebenso unter Khao-wang Ao. 13 (426 v. Ch.) im Winter Pfirsiche und Pflaumen in Tsin Früchte tragen.

F. 13 v. Tsao-i, gibt ähnliche Beispiele von wunderbaren Pflanzen; das erste aus dem Tschhün-thsieu Hi-kung a. 33. F. 19. Ko-i, von wunderbaren Früchten und Ye-ko von wilden Früchten. F. 13 v. Tschi-tsao von der Glückpflanze Tschi, einer Art Senfpflanze; Tschu-tsao von rothen Pflanzen u. s. w.

B. 300. Kin-i, von Wundern an Metallen; es wird erzählt wie unter dem Kaiser Tscheu Lie-wang Ao. 23 (352 v. Chr.) die 9 Urnen (Ting) von selbst sich bewegten. F. 6. v. Jü schi-tschi i von Wundern an Jü (chin. Jaspis) und gemeinen Steinen; aus der Regierung Tschao-wang's Ao. 8 (10 44 v. Chr.) wird angeführt, wie ein Stein geredet habe. Ein Stein, heisst es, kann nicht sprechen, es muss also ein Geist darin sein, der es thut!

B. 301. Sui-hiung, von unglücklichen, schlechten Jahren; aus dem Tschhün-thsieu Tschuang-kung Ao. 28 wird angeführt, wie im Winter grosses Wasser war und das Korn verkam. Unter Thsin Schi-hoang-ti Ao. 16 und 19 war eine grosse Hungersnoth; alle diese Wundergeschichten sind aus späteren Angaben. F. 10 v. Ti-tschin verzeichnet die Erdbeben; das erste ist aus dem Sse-ki unter Tscheu Yeu-wang Ao. 3 (779 v. Chr.).

---

62) Aehnliche Abschnitte zu Ende von B. 299—302.

63) Das Geschichtchen hat das Bambubuch bei Legge Prol. T. III p. 182 unter Thai-meu Ao. 7 (1629 v. Chr.).

B. 302. Schan-peng, vom Einsturze von Bergen; Ti-yao von Erdeinstürzen, Ti-i von Versetzung des Landes; Ti-tschang, von Anwuchs (Erhöhung) des Landes oder Bodens; Tschuan-khie vom Versiegen des Wassers; das erste Beispiel ist wieder aus dem Tschhün-thsieu Li-kung Ao. 14 (974 v. Chr.) F. 11. Ti seng i-voe, wenn die Erde wunderbare Sachen erzeugt.

B. 303. Heng-yü, vom beständigem Regen; das erste Beispiel aus dem Tschhün-thsieu Yu-kung Ao. 9 (713 v. Chr.) F. 11 Kan-lu, vom süssen Thau; das erste Beispiel ist unter den Han. F. 12 v. Thien yü i-voe, wenn der Himmel fremdartige oder wunderbare Sachen regnet; das erste Beispiel ist aus dem Tschhün-thsieu Wen-kung Ao. 3 (623 v. Chr.)

B. 304. Heng-yang, von beständiger Dürre; das erste Beispiel ist aus dem Tschhün-thsieu Hi-kung Ao. 21 (638 v. Chr.) F. 21. v. Heng-yo, von beständiger Wärme; zuerst nach Tschhün-thsieu Huan-kung Ao. 15 (696 v. Chr.)

B. 305. Heng-han, von beständiger Kälte; Pao vom Hagel; Mo-ping, von Eis an Bäumen, wieder nach dem Tschhün-thsieu, bekanntlich von Confucius.

B. 306. Heng-fung, beständige Winde; F. 16 v.; Heng-yn beständiges Dunkel; F. 21. Ye-yao, monströse Erscheinungen bei Nacht; die ersten Beispiele sind wieder aus dem Tschhün-thsieu.

B. 307. Lui tschin, von Donner und Blitz. F. 10. Voe tseu ming, von Sachen, die von selbst tönten. F. 15. Voe tseu tung, von Sachen, die sich von selbst bewegten, wie Metalle und Steine unter Wei Ngan-lie-wang. F. 18. v. Voe tseu hoai, von Sachen, die von selbst zerfielen, oder einstürzten, wie ein Palast unter Lu Wen-kung Ao. 13 (613 v. Chr.)

B. 308. Jin-i von wunderbaren Menschen.

D. 309. Schi-i, von wunderbaren Gesängen.

B. 310. Ngo-yen, von befremdenden Worten; das erste Beispiel ist unter Han Tsching-ti (31 v. Chr.). F. 15. Fu-yao, von fremdartigen Anzügen; das erste Beispiel ist aus Tso-schi Min-kung Ao. 2 (660 v. Chr.); s. die Geschichte

in d. Wien. Sitz.-Ber. d. Ak. Bd. 13. S. 474: 660 v. Chr.
wollte der Fürst von Tsin den Erbprinzen von der Thron-
folge ausschliessen, gab ihm den Oberbefehl über das Heer,
aber dazu einen auffallenden Anzug aus gemischten Farben;
diess galt für ein böses Omen! F. 32. Sche-yao, von wunderbaren Schüssen. Der Kaiser Tscheu Siuen-wang hatte den
unschuldigen Tu-pe getödtet und kam durch einen Schuss
wunderbarer Weise um (781 v. Chr.). Die Geschichte steht
ausführlicher im J-sse B. 27 F. 23 u. s. w.

B. 311. Mao-tschung tschi-i, von wunderbaren behaarten
Thieren. Das erste Beispiel ist wie Kaiser Tscheu Mu-wang
Ao. 9 (992 v. Chr.), als er die Hunde-Jung (Khiuen-Jung) be-
kriegte, 14 weisse Wölfe und 4 weisse Hirsche schiesst.
F. 9. v. Vom Erscheinen des Wunderthieres Ki-lin, nach
dem Tschhün-thsieu unter Ngai-kung Ao. 14 (480 v. Chr.)
vor Confucius Tode, dann unter Han Wu-ti; Tseu-yü, von
einem anderen Wunderthiere, welches nur erscheint, wenn
Rechtschaffenheit herrscht; F. 12. Ma-i, von wunderbaren
Pferden, zunächst von dem Drachenpferde Lung-ma, das
unter Fu-hi aus dem Hoang-ho herauskam; dann von einem
Pferde, das in Thsin unter Hiao-kung Ao. 21 (371 v. Chr.)
einen Menschen gebar nach dem Sse-ki; von einem Pferde
mit Hörnern unter Han Wen-ti Ao. 12 F. 19 v. u. s. w.
und Nieu-ho, von Unglücks-Ochsen.

B. 312. Yang-ho, von Unglücks-Schafen, nach dem Sse-ki
in Lu unter Ting-kung (509—494), der darüber Confucius
befragte. F. 6. Khiuen-i, von wunderbaren Hunden nach
Tso-schi u. a. F. 12. Hia-thi seng schang tschi o, von der
Missgeburt, wo ein unteres Glied oben wächst; z. B. wurde
Han King-ti ein Ochse dargebracht mit Füssen auf dem
Rücken, was natürlich ominös war. F. 12. Jü-tschang
tschi i von Wundern an befiederten Thieren. So soll die
Mutter von Kie, des letzten Kaisers der 1. Dynastie, das Ei
eines dunklen Vogels verschluckt und diesen Tyrannen dann

geboren haben, nach dem See-ki. Als Kaiser Ti-ko's Frau
den (Heu) Tsi, (den Ahnen der Tscheu) gebiert, setzt sie ihn
aus in's Wasser, aber ein Vogel kommt und bedeckt ihn;
sie sieht darin einen Geist, nimmt das Kind wieder zu sich,
zieht es auf, und es wurde der Ahnherr der 3. Dynastie
Tscheu.

B. 313. Fung-hoang, von dem Erscheinen dieses Wunder-
vogels unter Kaiser Schün, dann unter Han Tschao-ti und
später noch. F. 3. Ki-ho, von Unglücks-Hühnern oder Vögeln.
Verwandlung von Hähnen in Hennen oder umgekehrt; jenes
nach Tso-schi z. B. unter Tscheu King-wang. (1879 — 48
v. Chr.) F. 10. Lung sche tschi i, von wunderbaren Drachen
und Schlangen; so sendet unter Hia Kung-kia der Himmel
2 Drachen herab u. s. w. F. 27. v. Yü-i, von wunderbaren
Fischen; so von dem, der Tscheu Wu-wang in sein Schiff
springt und den er dann opfert; endlich

B. 314. Kuei-i, von wunderbaren Schildkröten; so der
geistigen Schildkröte, deren Rücken Charaktere enthielt, die
aus dem Lo-Flusse hervorkam, als Yü die Wasser ableitete.
Auch unter Sung Yuen-wang Ao. 2 kommt dergleichen angeblich noch vor. F. 6. v.; Tschung-i, von wunderbaren
Insekten, wie unter Han Wu-ti Ao. 4; F. 9. v. Hoang-tschung,
von den Heuschrecken. Hier werden die Heuschreckenver-
heerungen in China chronologisch aufgeführt. Die erste ist
nach dem Tschhün-tsieu unter Lu Huan-kung Ao. 5 (706
v. Chr.); endlich F. 24 v. Min, vom Mehlthau und Brand im
Korne, zunächst auch nach dem Tschhün-tsieu Yn-kung
Ao. 5 (717 v. Chr.) u. s. w.

S. 23. B. 315—323. Yü-ti kuo, Untersuchung der
Erdkugel; enthält eine vergleichende Geographie China's, seine
verschiedene Provinzialeintheilung und die Benennung der
Distrikte, Städte u. s. w. in den einzelnen Zeiten.

B. 315. Tsung-siü gibt erst eine allgemeine Uebersicht.
Er beginnt mit Hoang-ti, der angeblich 10,000 Herrschaften

constituirte; wie unter Yao Yü dann das Reich in 9 Provinzen
theilte und 500 Li lür den Tien-fu, 500 für den Ileu-fu,
500 für den Sai-fu und 500 für den Lien-fu bestimmte nach
Schu-king C. Yü-kung III, 1.   Schün theilte das Reich in 12,
Yü wieder in 9 Provinzen. Unter Thang von der 2. Dynastie
gab es an 3000 Heerschaften, unter den Tscheu 1800, die
in 9 Ki getheilt wurden, welche aufgeführt werden.   Später
bekriegten sich die Fürsten und vernichteten die kleineren;
zur Zeit des Tschhün-thsiu gab es nur noch 170 Reiche,
ohne die der 4 Barbaren.   Thsin Schi-hoang-ti vernichtete
alle und theilte das Reich in 36 Provinzen.   Die Eintheilung
Chinas unter den späteren Dynastien wird dann ebenso
angeführt.

B. 316—323 gibt darauf die vergleichende Eintheilung
der einzelnen Provinzen und zwar B. 316 die vom alten
Ki-tscheu;

B. 317 vom alten Yen-tscheu; F. 14. v. vom alten Tsing-
tscheu und F. 24 vom alten Siü-tscheu;

B. 318 vom alten Yang-tscheu; B. 319 vom alten King-
tscheu und B. 320 vom alten Yü-tscheu;

B. 321 vom alten Liang-tscheu; B. 322 vom alten
Yong-tscheu und B. 323 vom alten Yuei, d. i. Südchina,
welches unter den 9 Provinzen nicht mitbegriffen war, da
es erst später zum Reiche kam.

Da die Behandlung aller Provinzen gleichmäßig ist, so brauchen
wir nur die der ersten näher anzugeben.   Er beginnt hier, wie bei
allen mit der Beschreibung der Provinz unter Yü nach Schu-king
Yü-kung III, 1 — erwähnt der abweichenden Eintheilung unter
Schün — gibt dann die Beschreibung der Provinz aus Tschen-li
Fang-schi (B. 83 f. 1 fg.), hierauf die Eintheilung unter den Thsin, Han
u. s. w.   F. 4 gibt er eine Uebersicht der 22 Reichs oder Herrschaften,
die zur Zeit des Tschhün-thsiu in dieser Provinz bestanden; dann
die der 13 Kiün unter den Thsin, der 24 Kiün-kue und 873 Hien in
dieser alten Provinz unter den Han nach dem Han-schu B. 28; F. 7
die der 29. Kiün-kue unter den Tsin, mit Angabe der Hien in jeder, zu-

sammen 195; F. 9 die der 20 Kiün unter den Sui, und F. 11 fg. der 43 Tscheu mit 221 Hien unter den Thang. Dann führt er die einzelnen Districte u. s. w. unter den Thang auf und gibt an, wie sie unter den früheren Dynastien hiessen, oder zu welcher Provinz sie gehörten; z. B. war der Tsching-tien-fu in Pe-tschi-li der Thang, zur Zeit des Tschhün-thsieu zum Reiche Sien-yü gehörig, zur Zeit der streitenden Reiche (Tschen-kue) gehörte es zum Reiche Tschao unter den Thsin zum Kiü-lo-kiün, unter Han Kao-tsu zum Heng-schan-kiün und so fort bei allen Einzelnen. Auch über die dazu gehörigen Unterabtheilungen werden ähnliche Nachweisungen gegeben.[64])

S. 24. B. 324 — 348. Sse-i-kao, Untersuchung der vier Ränder oder Grenzländer, enthält Nachrichten von allen Grenzvölkern, die den Chinesen bis zu Ma-tuan-lin's Zeit bekannt waren. Er bringt sie unter die 4 alten Abtheilungen der Ostbai baren (Tung-J), der Südbarbaren (Nan-Man), der Westbarbaren (Si-Jung) und der Nordbarbaren (Pe-Ti). Die Deutung der einzelnen Namen ist schwierig und oft unmöglich; wir nennen daher nur mehr die ermittelten[65]) und fabelhaften.

B. 324—327 handelt nach einer allgemeinen Einleitung von den Ostbarbaren (Tung-i); dazu rechnet er B. 324 die verschiedenen Reiche in oder bei Corea, wie Tschao-sien, Ma-Han, Tschin-Han, Pien-tschin, Fu-iü, — auch Japan (Wei oder nach Morrison Wo), — dann in B. 325 Kao-kiü-li, in B. 326 Teu-

---

64) E. Biot Dictionnaire des noms anciens et modernes des villes et arrondissements de premier, deuxième et troisième Ordre compris dans l'Empire Chinois. Paris 1842. 8. hat etwas Aehnliches geliefert. Er ist aber für die alte Zeit minder vollständig, da er nur die chinesische Geographie Kuang-iü-ki, zum Grunde gelegt hat, und ordnet die Städte u. s. w. in alphabetischer Folge von der jetzigen Benennung ausgehend und nur die alten hinzufügend.

. 65) S. de Guignes Hist. gén. des Huns T. I u. II. J. Klaproth Tableaux historiques de l'Asie. Paris 1826. 4. A. Rémusat Nouv. Mélang. As.; Paris 1829 T. I. 1867 und in Notices et Extraits des Mss. T. II p. 165 fg.; Mém. de l'Acad. des Inscriptions. Paris 1827. 4. T. 8. p. 60 sq. für die Westbarbaren.

mo-liü, Pe-Tsi, Sin-lo, Phu-hai – Jezo (Hia-i. d. i. Froschbarbaren genannt), B. 327 Fu-sang, — welches de Guignes[66]) und einige Andere in Amerika (Mexiko) wohl irrig gesucht haben, — ein Reich der Frauen (Niü-kue), die Tätowirten (Wen-schin), Ta Han, die Zwerge (Tschu-iü), die Riesen (Tschang-jin), die Lieu-khieu (Inseln), Ting-ngan u. a.

B. 328—332. Nan-Man, die Südbarbaren, begreift eine Menge unbekannter Stämme in den jetzigen chinesischen Südprovinzen; bekannt sind in B. 329 Nan-tschao (in Yün-nan), in B. 330 Kiao-tschi'(Tonkin),[66]) in B. 331 die Insel Hai-nan, Lin-i (die Waldstadt, d. i. Siam), Fu-nan westlich davon (? Halbinsel Malacca), — nach Julien p. 150 ist Lin-i Tsiampa, Fu-nan Siam — auch in B. 332 Tschen-tschhing (Cochinchina).

B. 333—339. Si-Jung, die Westbarbaren, begreift, wie immer nach einer allgemeinen Einleitung, in B. 333 mehrere tübetanische und tangutische Stämme, wie die der Kiang, die Ti, in B. 334 die Thu-ko-hoen, Yi-fe-ti, Thang-tsch ?, Theng-tschi, Thang-hiang (Tangut) und Pe-lan, in B. 334 und 335 die Thu-fan (Tübeter). Dann kurze Notizen über verschiedene Völkerschaften West-Tübets und die unbekanntere. Ta-yang-thong, Si-li, Tschang-kieu-pa, Tu-po, dann aber auch über Ni-pho-lo (Ne-pal), Ta Pho-liü (Gross-Borutten), Ko-schi-mi (Kaschmir), Kho-to-lo, Su-pi[67]), zuletzt Scha-tschen in N. W. China.

Von B. 336 an bilden die Völker der Westgrenze (Si-i) eine eigene Unterabtheilung. Es sind die, über welche besonders die Dynastien Han und Thang ihre Macht ausdehnten.

---

66) de Guignes Mém. de l'Acad. des Inscr. T. 28 p. 503. Neumann (Mexico im 5. Jahrhundert unserer Zeitrechnung nach chinesischen Quellen. Separatabdruck a. d. Auslande 1845), Paravey u. a.

67) Uebersetzt von A. Rémusat N. Mél. As. T. I p. 190—199.

B. 336 Leu-lan, Schen-schen (südlich vom Lop-See), Tan-mo,
Kan-mi, Kiü-sse, Kao-tschhang (Uiguren),[65] Kien-tseu (Ku-
tsche), Tsbie-mí, Yen-ki (Kharascbar), B. 337 Yü-thien (Kho-
tan), Schu- oder Su-le (Kaschgar), (die blonden) U-siün,
Ku-me, — U-tschha, Ta-wan (Fargana),[66] Nan-teu, — So-kiü,
— Ki-pin (Cophene, Kandahar),[69] Thu-ho-lo (Tokharestan), —
Fan-yan[70]) (Bamian), — U-i-schan-li, Tiao-tschi (die Tad-
jiks), Ngan-si (Asi, Parther n. J.); B. 338 Ta-hia (Dahae,
Bactriana n. J.), Ta- und Siao Yuei-schi: die grossen und kleinen
Yuei-schi(?)Geten, jene(?)Massageten nach Rémusat, aber diese
tübetischer Raçe, Khang-kiü (Sogdiana), die Reiche Pho-han, das
Reich Mi (kue, Meimarg), U-na-o, Mu (Meru), Tsao (Osrusnah),
Ho-kue, Sse-kue, An-thaai (die Asi oder Asiani), Pe-ti, Ye-tha
(? Geten), — U-tschang, Kan-tho, — Thien-tschu[71]) (In-
dien), Mo-kie-tho (? Magadha), Kiü-li, Sse-tseu kue (das
Reich der Söhne von Löwen, d. i. Ceylon) und Kao-fu.
B. 339 Ta Tshin (Gross-China, d. i. das römische Reich)
ur-' andere unbekannte und phantastische Völker, wie Siao-
jin (die kleinen Menschen), — Kien-kuen (die Hakas, Kirgisen),
— dann die blonden Ting-ling, Toen-jin (die kurzen Menschen),
Po-sse (Persien),[73] — Tu-ho-lo (Tokharistan),[74]) — Ta-schi,
die Araber, Fo-lin (Byzanz) u. a.

B. 340—349. Pe-ti, die Nordbarbaren, handelt in den
Büchern B. 340 und 341 von der Geschichte der Hiung-nu

---

68) Uebersetzt von Julien *Mél. de geogr.* p. 103 sq. aus *Journ.
As.* 1847. Ser. IV T. 9 p. 189 fg.

69) Uebersetzt von Rémusat p. 200—205. Nach Julien p 148
jetzt Taschigan (Taschkend).

70) Desgl. p. 205—213. Nach Julien p. 150 ist Ki-pin Kabul.

71) Diese und die folgenden bis Ye-tha übersetzt Rémusat p. 218
bis 247.

72) Uebersetzt von Julien p. 138—178 aus dem Journ. As. Ser. IV
T. 10 p. 81 sq.

73) Uebersetzt von Rémusat p. 248—256.

74) Desgl. ib. p. 244—247.

(? Hunnen) und einigen ihrer abgezweigten Stämme, B. 342 von den U-hoen, Sien-pi und verwandten Stämmen unter den Familien Mu-yung (Tsien Yen 283 fg. n. Chr.) und To-po, von den Jü-jü, Kao-tsche (Hochwagen, Türken) etc.; B. 343 und 344 von den Thu-kiue, den Türken und wenig bekannten Stämmen. B. 345 und 346 von den Khi-tan, B. 347 von den Schi-goei und andern unbekannteren Völkerstämmen der östlichen Tatarei. B. 348 von den Scha-tho, Ko-li-han und andern gleich unbekannten.

Ueberblicken wir das ganze Werk, so ist hier eine grosse Masse Material für die innere Geschichte China's zusammengestellt, aber man vermisst die systematische Ordnung, auch zum Theil die Kritik — da unsichere Nachrichten und Fabeln neben zuverlässigen gegoben werden. Manches ist für uns von geringem Interesse, wie die detaillirten Nachrichten über die Tracht der Kaiserin und der vielen Unterbeamten, während wir andere Nachrichten, Beschreibungen der Provinzen und Städte, über die Verhältnisse des Privat-Eigenthums und Rechts und die Thätigkeit des Volkes in Ackerbau, Industrie, Handel u. a. vermissen. Das Volk und dessen Verhältnisse treten überhaupt sehr zurück, während die des Staates und Hofes vorwalten. [75]) Der grosse chinesische Katalog und der Auszug K. 14 f. 7 stellt dieses Werk daher auch zur 2 ten Klasse der chinesischen Literatur, der Geschichte (See) und zwar zur Abtheilung Tsching-schu, Bücher über die Verwaltung (s. Wylie p. 55), so dass man es eine Staats-Encyclopädie nennen könnte; zu den Encyclopädien (Lui-schu) rechnet er dagegen den Yü-hai, San-tsai thu hoei und Yuen kien lui han (Wylie p. 148 und 150 fg.), von welchen wir demnächst handeln werden.

---

75) Abel Rémusat Élémens de la grammaire Chinois. Paris 1822 p. 0 und sonst scheint mir Ma-tuan-lin's Werk zu hoch zu stellen.

www.ingramcontent.com/pod-product-compliance
Lightning Source LLC
Chambersburg PA
CBHW021527270326

41930CB00008B/1129